W0236710

Dirk Hobbie

Immobilien richtig verkaufen

Wie Sie Fehler beim Hausverkauf vermeiden

Das Werk, einschließlich aller seiner Teile, ist urheberrechtlich geschützt. Jede Verwertung außerhalb des Urhebergesetzes ist ohne Zustimmung des Verlages unzulässig und strafbar. Das gilt im Besonderen für Vervielfältigungen, Übersetzungen, Mikroverfilmungen und die Einspeicherung und Verarbeitung in elektronische Systeme. Es ist deshalb nicht gestattet, Abbildungen und Texte zu verändern oder zu manipulieren. Auch die Weitergabe an Dritte ist ohne Zustimmung des Verlages nicht erlaubt.

Alle Rechenbeispiele, Informationen, Anregungen und Tipps in diesem Buch basieren auf den Erkenntnissen sowie der Gesetzeslage zum Zeitpunkt der Drucklegung und wurden mit der größtmöglichen Sorgfalt zusammengestellt. Dabei wurde darauf geachtet, dass die gewählten Beispiele allgemein übertragbar sind. Trotz aller Sorgfalt sind Fehler jedoch nicht ganz auszuschließen. Weil sich in Einzelfällen und durch Änderungen von Gesetzen und Vorschriften eventuell andere Umstände ergeben können, ist jedoch eine Haftung von Verlag und Autor für Vermögensschäden aus der Anwendung der hier erteilten Ratschläge ausgeschlossen. Auch können Autor und Verlag weder eine Garantie noch irgendeine Haftung für Personen-, Sach- oder Vermögensschäden, die auf fehlerhafte Angaben in dieser Lehreinheit zurückzuführen sind, übernehmen.

Die UrheberInnen der in diesem Buch enthaltenen Sprüche, Zitate und Aphorismen sind genannt. Fehlen sie, dann waren sie nicht eindeutig feststellbar. Das gilt auch für Spruchweisheiten aus dem Volksmund und für Neuformulierungen alter oder zu langer Sprüche.

Alle Rechte vorbehalten. Nachdruck – auch auszugsweise – nur mit Genehmigung des Verlages.

Bibliografische Informationen der Deutschen Nationalbibliothek: Die Deutsche Nationalbibliothek verzeichnet diese Publikation der Deutschen Nationalbiografie – detaillierte bibliografische Daten über www.d-nb.de im Internet abrufbar.

Impressum

Autor: Dirk Hobbie
Verlag Moneylive e. K.
www.Moneylive.de

ISBN-Nr. 978-3934784185

„Erfahrung ist der beste Lehrmeister.
Nur das Schulgeld ist so hoch.“

Thomas Carlyle

Inhalts-verzeichnis

Inhaltsverzeichnis

Vorwort

Vorwort

*„Willst du, dass wir mit hinein in das Haus dich
bauen, lass es dir gefallen Stein, dass wir
dich behauen. "*

Friedrich Rückert

„Die Axt im Haus erspart den Zimmermann", sagt der Volksmund und drückt damit aus, dass sich viel Geld sparen lässt, wenn selbst Hand angelegt wird. Wozu also auf den Fachmann zurückgreifen, wenn „der Herr im Haus" über handwerkliches Geschick verfügt? Es geht um Geld, wie so oft im Leben. Niemand gibt es gern aus, wenn es sich einsparen lässt.

Das mag einer der Gründe sein, warum Privatverkäufer von Immobilien selbst das Zepter in die Hand nehmen, um ihr Haus an den Mann und natürlich an die Frau zu bringen. Sie verzichten auf die Betreuung durch qualifizierte Experten und das kann, wenn die notwendige Sachkenntnis fehlt, einige Probleme mit sich bringen. Es macht einen Unterschied, ob ein altes Fahrrad verkauft wird oder ein ganzes Haus – nicht nur, weil hier größere Summen im Spiel sind, sondern weil jedes Haus eine eigene Geschichte hat. Häuser werden in der Regel nach den individuellen Vorstellungen eines Bauherrn erstellt. Getreu dem Motto „Wir bauen nur einmal im Leben, da soll es an nichts mangeln" entsteht ein Architektenhaus, das die persönliche Note seiner Bewohner zum Ausdruck bringt. Über all die Jahre verbringen sie hier mehr oder weniger eine glückliche Zeit.

Doch weil im Leben nichts beständiger ist als der Wandel, kann es mit dieser Idylle in diesem Haus eines Tages vorbei sein. Scheidung, Tod des Partners, Krankheit, Verkleinerung der Familie durch Auszug der Kinder, altersbedingte Einschränkungen oder eine berufliche Standortveränderung können dazu führen, das liebgewonnene Objekt aufgeben zu müssen. Jetzt zeigt sich, ob es für den individuellen Haustyp einen Markt gibt und einen Interessenten, der bereit ist, den geforderten Preis zu zahlen. Doch welcher Preis ist realistisch? So wie kein Ei dem anderen gleicht, so gleicht auch kein Haus einem anderen, selbst dann nicht, wenn es sich um ein Reihenhaus handelt. Jedes Haus hat seine „persönliche" Note. Deshalb fehlt es schlichtweg an Vergleichsmöglichkeiten. Nur das richtige Wissen führt zu einer realistischen Bewertung und damit zu der Chance, zeitnah einen solventen Käufer zu finden.

Dieses Wissen finden Sie in diesem Buch. Aufgrund meiner langjährigen und selbstständigen Tätigkeit als Immobilienmakler ist es mir möglich, Sie umfassend und vor allen Dingen detailliert über den Verkauf von Immobilien zu informieren. Der Immobilienverkauf in Deutschland ist formgebunden, sodass es mehrere Beteiligte gibt. Somit müssen Ihre Interessen als Verkäufer mit den Interessen der anderen Beteiligten so unter einen Hut gebracht werden, dass einer zügigen Vertragsabwicklung nichts im Wege steht. Gute Vorbereitung ist deshalb schon die „halbe Miete". Je gewissenhafter Sie den Verkauf Ihrer Immobilie planen und umsetzen, desto geringer werden die Probleme sein.

Eingangs sagte ich bereits, dass es ums Geld geht. Beim Verkauf einer Immobilie geht es immer um sehr viel Geld. Davon möchte der Käufer möglichst wenig ausgeben. Sie als Verkäufer indes verfolgen genau das Gegenteil: Sie wollen den höchstmöglichen Kaufpreis erzielen. Beides liegt in der Natur der Sache, weshalb der Verkauf einer Immobilie eine der größten Herausforderungen unserer Zeit ist.

Sie stellen sich dieser Herausforderung. Das ist mutig, aber konsequent und verdient meinen Respekt. Gern biete ich Ihnen als erfahrener Makler meine Hilfe in Form dieses Buches an. Wenn Sie meine Anregungen aus diesem Buch konsequent umsetzen, werden Sie sehen, dass es zwei Gewinner gibt: Ihr Käufer und Sie. Ganz so, wie es einst Henry Ford sagte: *„Ein Geschäft, das nur Geld einbringt, ist ein schlechtes Geschäft."*

In diesem Sinne wünsche ich Ihnen viel Erfolg beim Vermehren der gewonnenen Erkenntnisse.

Herzliche Grüße
Dirk Hobbie

1. Vorüberlegungen

1. Vorüberlegungen

„Unsere größte Schwäche liegt im Aufgeben. Der sicherste Weg zum Erfolg ist immer, es doch noch einmal zu versuchen. "

Thomas Alva Edison

Eine alte Redensart unkt: „Die Welt ist ein Dorf". Solche Volksweisheiten tragen oft ein Körnchen Wahrheit in sich. Insofern war es nur eine Frage der Zeit, bis diese Redensart wissenschaftlich bestätigt wurde. So genannte Netzwerk-Theoretiker sprechen in diesem Zusammenhang vom *Kleine-Welt-Phänomen.* Der 1967 vom amerikanischen Psychologen Stanley Milgram geprägte Begriff besagt, dass jeder Mensch jeden beliebigen anderen Menschen über durchschnittlich sechs Ecken kennt. Eine für damalige Verhältnisse gewagte Feststellung, die nun im Zeitalter des Internets eindrucksvoll bestätigt wurde. In einer Studie[1] untermauerten der Wissenschaftler Jure Leskovec von der Carnegie Mellon University und Eric Horvitz von Microsoft Research diese Theorie. Hierzu griffen sie auf einen Datenbestand zurück, wie ihn nur das weltumspannende Internet ermöglicht. Somit konnten sie mehr als 240 Millionen Instant-Messenger-Accounts analysieren. 30 Milliarden Einzelverbindungen umfassen die Protokolle, das nach Aussagen der Forscher größte je analysierte soziale Netzwerk. Das Ergebnis dieser langwierigen Untersuchung ist eindeutig: Durchschnittlich 6,6 Personen lang ist die Kette, die zwei Menschen verbindet. 48 Prozent aller Personen können somit über sechs Stationen erreicht werden.

Mithin also gute Voraussetzungen, Freunde und Bekannte um Rat zu fragen, wenn es um den Verkauf der eigenen Immobilie geht. Wenn man, wie empirisch bewiesen, über bestmögliche Kontakte verfügt, dann ist es sinnvoll, sie zu nutzen. Schade nur, dass das eine mit dem anderen nichts zu tun hat. Nur weil ein Freund oder Bekannter seine Immobilie vor einigen Jahren „gut" verkaufen konnte, ist er alles andere als ein Experte. So muss zunächst einmal geklärt werden, wie sich der Begriff *gut* in diesem speziellen Fall definiert. Gut kann heißen, dass der gewünschte Kaufpreis erzielt wurde. Gut kann aber auch heißen, dass schnell ein Käufer gefunden wurde. Beides sagt aber nicht aus, ob die Wünsche des Verkäufers in Erfüllung gegangen sind. Wer schnell einen Käufer gefunden hat, wird seine Immobilie vielleicht viel zu billig angeboten haben. Wer einen guten Preis erzielte, wird vielleicht mehrere Monate auf einen Käufer gewartet haben. Musste in dieser Zeit dann noch Geld für einen Darlehensvertrag gezahlt werden, reduzieren diese Kosten natürlich den Ertrag. Der Blick auf den erzielten Kaufpreis allein verklärt somit den Gewinn. Ich definiere „gut" mit: Verkauf zum realistischen Preis in einem realistischen Zeitraum. Ein nicht einfaches Unterfangen, wie wir noch sehen werden, aber auch nicht unmöglich.

Ein chinesisches Sprichwort sagt: „Auch eine Reise von tausend Meilen fängt mit dem ersten Schritt an." Wobei ich ergänzen möchte, dass die Reiseroute bekannt sein muss und das Ziel feststeht. Jeder Schritt in die falsche Richtung entfernt den Reisenden von seinem Ziel. Wer sich auf die Reise macht, seine Immobilie eigenständig zu vermarkten, braucht einen Plan, in dem die „Reiseroute" klar umrissen ist. Nur so wird die höchste Effizienz erreicht. Jeder Schritt muss daher gut überlegt sein, ansonsten verhält man sich wie ein Jäger, der mit einer Schrotflinte ins Dickicht schießt, um irgendwie einen Hasen zu treffen. Erfahrene Jäger wissen, wie sie vorgehen müssen, um mit nur einem Schuss einen Hasen zu erlegen. Dafür braucht es ein längeres Training, das sich dann aber auszahlen wird. Überdies verlangt der Gesetzgeber heute einen Jagdschein, das so genannte „grüne Abitur", ob des Schwierigkeitsgrades. Das Wissen daraus hält ein Leben lang und berechtigt den Jäger, bis ans Ende seiner Tage auf Hasen schießen zu dürfen. In diesen zeitlichen Dimensionen müssen potenzielle Immobilienverkäufer nicht denken, auch haben sie nicht die Zeit, sich über Wochen in die Thematik des

Verkaufs einzuarbeiten, wie es wünschenswert wäre. Deshalb machen die meisten große Fehler, natürlich unwissentlich. Leider bringen sie sich damit häufig in eine Situation, die am Ende diametral zu dem gewünschten Ergebnis steht.

Wenn ich mir die vielen privaten Kleinanzeigen im Immobilienteil verschiedener Tageszeitungen anschaue, dann erinnert mich das Vorgehen privater Verkäufer an den unerfahrenen Jäger. Konzept- und planlos wird eine Anzeige platziert, die mehr verwirrt als informiert. Fehlende oder unklar formulierte Angaben führen zu einem erhöhten Anrufaufkommen beim Verkäufer. Der fühlt sich anfänglich gut wegen der vielen Anrufer, übersieht aber, dass er sich eher mit den falschen Anrufern unterhält. Nicht die Quantität der Anrufer ist entscheidend, sondern die Qualität. Im Idealfall braucht es nur einen Anrufer, der das Objekt kauft. Wer als Immobilienverkäufer professionell vorgeht, wird in der Regel nicht im ersten Besichtigungstermin verkaufen, aber er ist nicht weit davon entfernt. Lesen Sie, welche Schritte erfolgreiche Verkäufer gehen, um schneller zum Vertragsabschluss zu kommen.

2. Das Für und Wider der Selbstvermarktung

2. Das Für und Wider der Selbstvermarktung

„Wenn es nur eine einzige Wahrheit gäbe, könnte man nicht
hundert Bilder über dasselbe Thema malen."

Pablo Picasso

Der Gesetzgeber schreibt vor, dass wir uns anschnallen müssen, sobald wir den Motor eines Kraftfahrzeuges starten. Nun berichten immer wieder Menschen davon, dass sie nur deshalb einen Crash überlebten, weil sie nicht angeschnallt waren. So konnten sie das brennende Auto leichter verlassen oder sich unter Wasser schneller befreien. Das sind sicher Einzelfälle, doch stehen dahinter Menschenleben. Gibt es etwas Wertvolleres? Sollte dann jeder Mensch das Recht haben, selbst entscheiden zu dürfen, was für ihn richtig oder falsch ist? Gesetze werden nicht immer zum Schutze der Menschen erlassen, sondern auch, weil dahinter handfeste finanzielle Interessen stehen. Wenn die Statistik sagt, dass mehr angeschnallte Menschen einen Crash überleben als nicht angeschnallte, muss die Politik handeln.

Somit gibt es also keine einzig verbindliche Antwort auf die Frage, ob Autogurte Leben retten. Es kommt immer auf den Einzelfall an. Auch wenn der Vergleich ein wenig hinkt, so gibt es auch nie eine richtige Antwort auf die Frage, ob die Selbstvermarktung einer Immobilie sinnvoller ist als sich gleich in die Hände professioneller Experten zu begeben. Das tun nur die wenigsten. Nur 44 Prozent aller privaten Eigentümer setzen beim Verkauf ihrer Immobilie auf Makler[2]. Der Rest versucht es in Eigenregie. Frei nach dem Motto „Gewohnt wird immer" glauben sie, schnell einen Käufer für ihr Objekt zu finden, mit dem sie oft eine sehr hohe emotionale Bindung haben. Schnell ist die Enttäuschung groß, wenn sich nach Monaten noch immer nichts getan hat und das Objekt einfach nicht aus den Schlagzeilen kommt. Je öfter es an verschiedenen Stellen beworben wird, desto größer ist das Misstrauen potenzieller Käufer. Diese suchen über Monate nach einem Objekt, weshalb sie schon nach kurzer Zeit sehr genau „Wiederholungsanzeigen" in Tageszeitungen oder im Internet erkennen. Sie fühlen sich bestätigt, je öfter der Verkäufer den Preis absenkt.

Das zentrale Problem der Selbstvermarktung ist der Preis. Die Verkäufer verzichten in der Regel nur deshalb auf den Makler, weil sie sich entweder das Geld selbst verdienen wollen, oder aber sie sehen in der Maklercourtage ein großes Verkaufshindernis. Beides stimmt nicht. Eine Immobilie zum fairen Preis von 100.000 Euro wird keinen Käufer finden, wenn der Verkäufer mit 110.000 Euro an den Markt geht (die 10.000 Euro zusätzlich will er sich verdienen, da er ja ohne Makler arbeitet, aber selbst einen Aufwand hat). Im anderen Fall kann sich ein Käufer viel schneller entscheiden, wenn ein seriöser Makler durch transparente Berechnungen einen realistischen Preis offeriert. Dann sind Käufer auch bereit, eine Courtage zu zahlen. Unerfahrene Verkäufer übersehen den wichtigsten Faktor in diesem einmaligen Geschäft: Vertrauen! Unerfahrene Käufer sind gern bereit, für eine offene und ehrliche Betreuung tiefer in die Tasche zu greifen, wenn sie damit das Gefühl haben, eine richtige Entscheidung zu treffen. Deshalb scheitern private *Hau-Ruck-Verkäufer,* die mit der Pi-mal-Daumen-Methode eine Selbstvermarktung starten. Experten berichten davon, dass Zweidrittel aller privaten Verkaufsversuche scheitern. Ich kann diese Zahl nicht empirisch belegen. „Gefühlt" würde ich diese Aussage als Makler mit jahrzehntelanger Erfahrung bestätigen.

Fehlende Marktkenntnis, unrealistische Zeitvorstellungen oder rechtliche Wissenslücken – die Liste der Versagensgründe in Sachen Privatverkauf ist lang. Dennoch ist der Preis das größte Problem bei der Selbstvermarktung, wie oben schon beschrieben. Viele Verkäufer glauben, dass sie auf einem Haufen Gold sitzen, den sie schnell zu Geld machen können. Schnell werden sie eines Besseren belehrt. Dabei hätten sie nur auf Robert Lembke, den ehemaligen Moderator von „Was bin ich?", hören müssen: *„Es stimmt nicht, dass alles teurer wird, man muss nur einmal versuchen, etwas zu verkaufen."*

Wenn ein Selbstvermarkter erkennt, dass er mit seinem Verkaufsansatz nicht weiterkommt, beginnt er, das mit Abstand schlechteste zu tun: Er senkt den Verkaufspreis. Wir werden noch sehen, welche Auswirkungen das auf den Markt hat. Aber auch so ist diese Entwicklung nicht ganz ungefährlich. Es ist ja nicht so, dass die, die ihre Immobilie verkaufen, ein schuldenfreies Heim ihr Eigen nennen. Wie ich schon eingangs schrieb, gibt es verschiedene Verkaufsgründe. Erzwingt z. B. ein neuer Arbeitsplatz fernab der bisherigen Heimat den Verkauf, so können durchaus noch höhere Darlehensschulden auf dem bisherigen Objekt lasten. Mit jedem Cent, den der Verkäufer weniger einnimmt, nimmt die Spanne zwischen Restschuld und Verkaufsgewinn ab. Gefährlich wird es, wenn der Scheitelpunkt unterschritten wird. Das passiert eher unbewusst, weil viele Verkäufer gar keine Ahnung in Sachen Finanzen haben und sich dann wundern, wenn die Bank plötzlich Ärger macht. Der Scheitelpunkt ist die kritische Grenze, an der sich Verkaufsgewinn und die valutierenden Schulden treffen. Sinkt der Verkaufserlös unterhalb dieser Grenze, reicht die erzielte Summe nicht mehr aus, um die Schulden zu tilgen. Vielfach übersehen die Verkäufer auch die Kosten, die durch eine vorzeitige Ablösung eines bestehenden Darlehens entstehen. In einem Verkaufsfall ist die Bank gesetzlich verpflichtet, den Kredit abzulösen. Das wird sie in aller Regel auch tun, doch nicht umsonst. Sie verlangt eine so genannte Vorfälligkeitsentschädigung, die nicht statisch ist. Die Summe errechnet sich aus der Darlehensrestschuld, dem Darlehenszins, dem aktuellen Zinssatz, der Tilgungsquote und der Darlehensrestlaufzeit. Je nach Situation kann hier schnell ein fünfstelliger Betrag zusammenkommen. Wer diese Position in seiner Aufstellung schlichtweg vergessen hat, wird dann eines Besseren belehrt. Besonders schlimm ist die Situation für den

Verkäufer, der über keine monetären Rücklagen verfügt und dessen erzielter Verkaufspreis gerade ausreicht, um die Darlehensschuld zu tilgen.

So etwas kann passieren, wenn es an Wissen fehlt. Es trifft in der Regel die selbsternannten Experten, die einen Makler nur nach seinen sichtbaren Aufgaben und Tätigkeiten bewerten und nicht sehen, wie viel Arbeit von ihm im Hintergrund verrichtet wird, um Käufer und Verkäufer zusammenzubringen. Eine solche Arbeit verhindert auch, dass am Ende Finanzierungslücken entstehen, die im schlimmsten Fall sogar die Abwicklung des Verkaufsvorganges gefährden.

Eine weitere Gefahr, die von Selbstvermarktern häufig unterschätzt wird, sind äußere Einflüsse, die buchstäblich über Nacht eintreten und nicht zu beeinflussen sind. Der 11. September 2001 ist ein solches Ereignis. Nach dem Terroranschlag wurde erstmals in der Geschichte der USA die Börse geschlossen und über das gesamte Land ein Flugverbot verhängt. Danach kollabierte die Wirtschaft. In solchen Momenten halten die Verbraucher ihr Geld fest zusammen. Sie stellen Entscheidungen zurück, um die weitere Entwicklung abzuwarten. Das spüren die Märkte sofort und „spielen verrückt". So wollte niemand mehr Geld in Aktien oder Immobilien investieren. Eine schwere Zeit für Verkäufer.

In solchen Momenten ist Besonnenheit gefragt, das heißt, der Verkäufer muss schnell eine richtige Entscheidung treffen, um nicht selbst unter „die Räder zu kommen". Ein Experte wird in solchen Momenten wichtige und vor allen Dingen richtige Entscheidungen treffen, um den Verkaufsprozess nicht zu gefährden. Er hat die nötige Erfahrung und Marktkenntnis und weiß in Krisenzeiten Rat. In guten Zeiten etwas verkaufen zu können ist keine Kunst, doch in schwierigen Zeiten zeigt sich der Meister. Selbstvermarkter sind aber keine Meister, weil sie etwas tun müssen, was sie noch nie oder nur ganz selten tun, nämlich ihr eigenes Haus verkaufen. Sie mögen in ihrem Beruf die absoluten Experten sein, doch qualifiziert sie das nicht automatisch in den allwissenden Expertenstatus. Deshalb treffen sie in schwierigen Zeiten und unter Druck stehend die falschen Entscheidungen. Zusammenfassend haben wir es mit diesen Gefahren beim Eigenverkauf zu tun:

- Die Immobilie wird unter Wert verkauft
- Es kann zu Rechtsstreitigkeiten mit dem Käufer aufgrund von nicht eindeutigen Formulierungen von Sachverhalten kommen
- Der Kaufvertrag muss rückabgewickelt werden, weil der Käufer aufgrund von Zahlungsschwierigkeiten seinen Verpflichtungen nicht mehr nachkommen kann

Märkte, insbesondere die Finanzmärkte, reagieren wie eine Fieberkurve. Mal steigen die Preise, mal fallen sie. Nach dem September 2001 fielen die Immobilienpreise weltweit. Nach dem Ausbruch der Finanzkrise im Jahre 2008, ebenfalls im September (Anm.: Am 15. September 2008 musste eine der größten Investmentbanken der Welt, Lehman Brothers, den Geschäftsbetrieb einstellen. Diese Bank hat zwei Weltkriege und schlimmste wirtschaftliche Rezessionen überlebt, nicht aber die Finanzkrise von 2008), stiegen die Immobilienpreise. Nicht in den USA, da war es genau umgekehrt, wohl aber in Europa, weil sich hier keine Immobilienblase gebildet hatte. Mit Ausnahme Spaniens – hier schossen die Preise in den Himmel, dass einem Angst und Bange werden musste. Durch die Finanzkrise erkannten Anleger wie Normalverdienende eines: Sicher ist, dass nichts mehr sicher ist, schon gar nicht bedrucktes Papiergeld. Also flüchteten sie in Sachwerte wie Gold und Immobilien. Die erhöhte Nachfrage führte zu steigenden Preisen, wie ein Blick auf den Goldpreis eindrucksvoll belegt:

So entwickelte sich der Goldpreis von 2000 bis 2010:

Auch bei steigenden Preisen muss der Selbstvermarkter reagieren. In diesen Momenten lässt sich tatsächlich mehr Geld verdienen als ursprünglich angenommen. Doch auch hier wird zu langes Warten oder falsches Handeln abgestraft. So schnell, wie eine Krise oder eine Chance kommt, so schnell kann sich das Blatt auch wieder wenden. Man mag es kaum glauben, aber genau das ist passiert.

Die Wunden der Finanzkrise waren noch nicht verheilt, die Nachfrage nach Gold und Immobilien noch immer auf hohem Niveau, da preschte die Politik mit einem Wunschprogramm an die Öffentlichkeit. Man verkündete, bis zum Jahre 2050 müsse jedes Haus in Deutschland so umgerüstet sein, dass es keine CO_2-Emissionen produziert. Während insbesondere in den asiatischen Ländern der Umweltschutz nur eine sehr geringe Rolle spielt, wenn überhaupt, müssen die Damen und Herren der deutschen Politik der Welt zeigen, wozu sie (wir) im Stande sind. Die Zeche zahlt am Ende der

Bürger und nicht die, die sich solche realitätsfremden und über alle Maßen überteuerten Ideen ausdenken. Schnell rechneten die Wohnungsverbände nach und erklärten, dass hier bis zu 100.000 Euro auf die Hausbesitzer zukommen könnten – und zwar pro Haus! Der Preis ist abhängig vom Alter des Hauses, dem Renovierungsstand, der Ausstattung und der Wohnungsgröße. Nachdem sich ein Sturm der Entrüstung über der Politik erzürnte, ruderten die Verantwortlichen zurück. Die Frage ist nur, wie lange sie rudern. Man darf mit Fug und Recht behaupten, dass sie nicht von ihren Plänen abrücken werden, nur werden sie ihrem Wahlvolk häppchenweise das geänderte Programm verkünden.

Das Beispiel zeigt, wie schnell „Porzellan" zerschlagen werden kann. Es reicht eine Ankündigung und die Märkte reagieren entsprechend. Potenzielle Immobilienkäufer sind verunsichert und stellen ihre Anschaffung zurück. So ist davon auszugehen, dass Verkäufer von Häusern aus den 1960er und 1970er Jahren riesige Probleme bekommen könnten. Auch sie müssen daher schnell handeln.

Sie sehen, der Verkauf eines Hauses ist weitaus komplexer als gemeinhin angenommen. Ein Makler ist eben mehr als nur ein selbsternannter Experte, der mit ein paar Anzeigenschaltungen im Immobilienteil der Zeitung das große Geld verdient. Er übernimmt vielfältige Aufgaben, weshalb ich geneigt bin, ihn sogar als Wohlstandsexperten zu bezeichnen. Seine Erfahrung und seine Marktkenntnis kann Verkäufer vor großen Verlusten schützen.

Dieses Resümee ist mitnichten ein Plädoyer, auf die Selbstvermarktung zu verzichten und doch einen Makler zu beauftragen. Es soll Ihnen die Vor- und Nachteile der Selbstvermarktung vor Augen führen. Wenn Sie dieses Buch aufmerksam lesen, werden Sie sehr viele Fehler vermeiden, und darauf kommt es mir an.

3. Die sechs häufigsten Fehler beim Immobilienverkauf

3.1 Fehler Nr. 1: Planungsfehler durch schlechte Vorbereitung

3.1.1 Grundsätzliches

„Nur ein schlechter Plan erlaubt keine Änderung."

Publilius Syrus

„Versuch macht klug", lehrt eine deutsche Redensart, die in Sachen Immobilienverkauf aber alles andere als klug ist. Wollen Sie versuchen, Ihre Immobilie zu verkaufen oder werden Sie das Objekt verkaufen? Ihre Antwort auf diese Frage entscheidet über das Ergebnis. Wer etwas versucht, hegt einen Zweifel. Versuchen bedeutet auch Versagen, weil ein Versuch ein Scheitern nicht ausschließt. Und so verwundert es dann auch nicht, dass Immobilienbesitzer, die versuchen, ihr Objekt privat zu verkaufen, oft scheitern. Neben Fachwissen fehlt es nicht selten auch an einer gehörigen Portion Stehvermögen. Schließlich steht hinter der Anschaffung einer Immobilie für gewöhnlich der höchste Betrag, den eine Durchschnittsfamilie je in ihrem Leben ausgeben wird. Dass die Käufer hier anders vorgehen als beim Kauf

einer Waschmaschine ist menschlich und nachvollziehbar. Verkäufer, die fest entschlossen sind, ihr Objekt verkaufen zu wollen, werden es auch schaffen. Sie gehen zielorientiert vor, überlassen nichts dem Zufall und planen die schrittweise Umsetzung ihres Projektes.

Wer versucht, eine Immobilie zu verkaufen, wird planlos alles Mögliche ausprobieren, um sein Haus an den Mann zu bringen. Nach dem Motto: *„Ich kann es mit einer Zeitungsanzeige versuchen, oder aber ich versuche, mein Angebot im örtlichen Supermarkt an die Pinnwand zu heften. Parallel werde ich es auf verschiedene Seiten im Internet einstellen".* Dieses Unterfangen ist zum Scheitern verurteilt. Die Wahrscheinlichkeit, durch blinden Aktionismus einen Verkaufserfolg zu erzielen, ist gering. Ich würde eher von einem Zufallstreffer sprechen, sollte es dennoch gelingen. Aber bekanntlich findet auch ein blindes Huhn mal ein Korn.

Der Fehler liegt im Verständnis des Verkäufers. Er geht von einem Verkäufermarkt aus. In einem solchen Markt bestimmt der Verkäufer, was der Käufer kauft. Diese Zeiten gab es tatsächlich einmal, und zwar nach dem Krieg und in den späten 1960er Jahren, zu Zeiten des Wirtschaftswunders und fehlender Massenproduktion. Wer einen VW Käfer kaufen wollte, musste warten und konnte sich glücklich schätzen, wenn der Verkäufer ein Auto zuteilte. Henry Ford, der US-amerikanische Autohersteller, soll auf die Bitte seiner Marketingexperten, Fahrzeuge auch in anderen Farben lackieren zu dürfen als nur in schwarz, gesagt haben: *„Selbstverständlich können unsere Kunden eine Farbe wählen, nur schwarz muss sie sein."* Diese Arroganz und Überheblichkeit kann sich heute kein Verkäufer mehr erlauben. Viele Verkäufer sehnen sich diese alten Zeiten zurück. Heute befinden wir uns in einem knallharten und heiß umkämpften Käufermarkt. Der Kunde bestimmt, was der Verkäufer verkauft, und nicht umgekehrt. In keiner Branche läuft es anders. Nur wenn der Modedesigner Karl Lagerfeld eine ausgewählte Kollektion aus seinem Hause zum Schnäppchenpreis über die Modefilialkette H&M zum Kauf anbietet, kommen diese alten Zeiten zurück. Da prügeln sich gutsituierte Frauen um die letzte noch freie Bluse. Alles andere ist innerhalb von zehn Minuten nach Ladenöffnung ausverkauft. Oder wenn ein neuer Elektronikfachmarkt eröffnet und in den ersten zwei Stunden auf alles fünfzig Prozent Rabatt einräumt, dann kommt es zu tumultähnlichen Zuständen im Eingangsbereich.

Die Verkäufer buhlen um die Gunst der Kunden. Großflächige Anzeigen in Tageszeitungen, DIN-A3-große Farbprospekte als Beilage oder Postwurfsendungen sollen die Kunden in die Läden locken. Ein schwieriges Unterfangen, weil diese immer öfter übers Internet kaufen. Dieses Medium hat das Kaufverhalten der Menschen kolossal verändert, so wie kein anderes. Die Konkurrenz ist nicht mehr in Fernost oder im Gewerbegebiet, sondern nur noch einen Mausklick entfernt. Es gibt nichts, was nicht über das Internet verkauft wird. Auch Immobilien sollen so den Weg zum Käufer finden. Kein Medium hat so einen Einfluss auf Kaufentscheidungen wie das weltweite Datennetz. Damit müssen wir uns abfinden, weil niemand die Entwicklung aufhalten kann. Der österreichische Schriftsteller Eduard von Bauernfeld schrieb im 19. Jahrhundert:

„Der große Mann geht seiner Zeit voraus, der Kluge geht mit ihr auf allen Wegen, der Schlaukopf beutet sie gehörig aus, der Dummkopf stellt sich ihr entgegen. "

Statt auf die neue Technik zu fluchen, gilt es, sie zu nutzen. Denn eines ist auch klar: Noch nie war es so einfach, so viele Menschen zu erreichen. Zum besseren Zahlenverständnis: Als ein junger Amerikaner auf die Idee kam, eine Art „Treffpunkt für jedermann" ins Internet zu stellen, ahnte er wohl nicht, dass er damit zum jüngsten Milliardär aller Zeiten werden würde. Sein Portal „Facebook" zählt nach nur sieben Jahren mehr als eine halbe Milliarde registrierte Teilnehmer. Diese Entwicklung zeigt, wie schwer es ist, in dieser Welt mit ihren zig Milliarden Möglichkeiten noch wahrgenommen zu werden. Wer etwas verkaufen will, muss sich heute viel mehr anstrengen als früher.

In jedem Fall aber muss er eine Frage beantworten, die sich jeder Kunde unbewusst stellt. Sie, die Leserin oder der Leser dieses Buches, sind täglich und überall Konsument und damit Käufer. Auch Sie stellen sich, natürlich unbewusst, vor jedem Kauf nur eine einzige Frage: *„Was ist für mich drin?"*

Diese saloppe Formulierung ist Dreh- und Angelpunkt einer jeden Kaufentscheidung. „Was ist für mich drin?" steht für:

- Was habe ich davon, wenn ich dieses Angebot annehme?
- Wie werde ich mich fühlen, wenn ich dieses Angebot annehme?
- Welche Vorteile hat dieses Angebot gegenüber allen anderen?
- Erfüllt dieses Angebot meine Wünsche?

Was immer Sie als Verkäufer anbieten, Sie müssen vom ersten Moment an die Aufmerksamkeit des Kunden gewinnen. Je schneller Sie diese Fragen beantworten, desto eher wird er sich mit Ihnen und Ihrem Angebot beschäftigen. Es spielt dabei keine Rolle, ob Sie als gewerbsmäßiger Verkäufer unterwegs sind oder nur als temporärer, wie im Fall eines Hausverkaufes.

Marketingexperten gehen immer vom Käufermarkt aus und fragen sich: Was will der heutige Konsument? Darauf richten sie dann ihre gesamte Werbestrategie aus, die vereinfacht in einem Sprichwort ausgedrückt werden kann: *„Der Köder muss dem Fisch schmecken und nicht dem Angler."* In der Analogie zum Hausverkauf kommt es nicht darauf an, ob Sie Ihr Objekt mögen und über den grünen Klee loben. Einzig, wie Interessenten Ihr Objekt sehen, ist wichtig. Je professioneller Sie auf die Wünsche potenzieller Käufer eingehen, desto näher rückt der Notartermin – das Ziel eines jeden Verkäufers. Ihr Problem ist dabei, dass Sie als unerfahrener Immobilienverkäufer, der wahrscheinlich kein zweites Mal in seinem Leben ein Haus verkaufen wird, diese Wünsche nicht kennen. Also brauchen Sie eine Strategie, mit der Sie exakt die Kundengruppe herausfiltern, die für

Ihr Objekt in Betracht kommt. Basis einer solchen Strategie ist natürlich ein gut durchdachter Plan – schon Heinrich Heine schrieb:

> *„Das Schaffen selbst ist eitel Bewegung, das stümpert sich leicht in kurzer Frist. Jedoch der Plan, die Überlegung, das zeigt erst, wer ein Meister ist."*

Mit einem guten Plan „bekämpfen" Sie automatisch die größten Feinde eines privaten Immobilienverkäufers:

1. Zeit
2. Preis

Feind Nr. 1, die Zeit, ist eine unbekannte Größe, weil Immobilien nicht gehandelt werden wie Brot und Milch. Entsprechend aufwendig ist ihr Verkauf. Es ist nicht die Immobilität, die zum echten Hindernis werden kann, sondern eher die Kubatur, also die umbaute Fläche eines Hauses als solches. In diesen Räumen mit ihren Flächen wird sich das weitere Leben des Käufers abspielen, und wie das aussieht, davon haben nur die Käufer häufig eine klare Vorstellung. Nicht selten scheitert ein Verkauf nur deshalb, weil der potenzielle Käufer seinen Schlafzimmerschrank wegen der Raumgröße nicht aufbauen kann. Ein Schrank für weniger als 1.000 Euro entscheidet über einen Kaufvertrag von 200.000 Euro. Das mag verrückt erscheinen, doch viele Interessenten sind emotional gefangen. Sachzwänge werden Gefühlen untergeordnet. Wenn ihr „ach so geliebter" Kleiderschrank nicht aufgebaut werden kann, dann ist das ganze Objekt nicht geeignet. Das lässt sich rational nie erklären, und wer unter uns kann schon Gefühle beschreiben? Tatsächlich sind es viel öfter die Kleinigkeiten, die einen Kaufentscheid verhindern, als größere Probleme.

Je länger sich der Verkauf des Hauses hinzieht, desto nervöser wird der Verkäufer. Zum einen, weil eventuell noch Zinsen für ein laufendes Darlehen zu zahlen sind, gleichzeitig aber schon ein neues Objekt bezahlt werden muss. Zum anderen verliert ein Objekt an

Wert, je länger es am Markt ist. Es ist nicht gut, dass eine Verkaufsanzeige über Wochen platziert wird. Je öfter es in der Zeitung angeboten wird, desto mehr drängt sich für Außenstehende der Eindruck auf, hier wird ein Objekt wie Sauerbier angeboten. Also kann es nicht ganz koscher sein. Ohne sich näher zu informieren, bilden sich Interessenten eine Meinung über das von ihnen noch nie in Augenschein genommene Objekt. Auch hier sind es nur wieder die Gefühle, die etwas auslösen, und keine sachlichen Argumente. Das bleibt nicht ohne Folgen. Der Verkäufer muss reagieren, um das Objekt überhaupt noch verkaufen zu können. Aus lauter Frust geht er den Weg des geringsten Widerstandes: Er dreht an der Preisschraube, und zwar in Richtung Absenkung.

Fazit: Je länger das Objekt am Markt angeboten wird, desto größer können die finanziellen Verluste sein. Nur wenn Ihr Angebotspreis im richtigen Rahmen liegt, werden Sie ausreichend Nachfrage erzeugen können, um unter den Interessenten denjenigen zu finden, der genau Ihr Haus kaufen möchte und deshalb bereit ist, den besten Preis zu bezahlen!

Die Freude ist groß, wenn das Objekt zum gewünschten Preis verkauft werden kann. Zum Feind wird der Preis, wenn sich die monetäre Vorstellung des Verkäufers nicht realisieren lässt. Wobei hier die Frage beantwortet werden muss, welcher Preis realistisch ist. Verkäufer können diese Frage selten leidenschaftslos beantworten. Sie sind in ihrem Objekt gefangen und damit, wie man juristisch sagen würde, befangen. Sie haben in ihrem Haus schöne wie schwere Stunden verbracht. Das berührt das Herz. Da sind so viele Emotionen im Spiel, dass es sehr schwer ist, objektiv den richtigen Preis festzulegen. Genau das aber ist zwingend erforderlich. Bei einem überteuerten Angebot greift keiner zu. Dagegen greifen alle sofort zu, wenn unter Wert verkauft wird.

Je realistischer der Verkaufspreis, desto schneller findet sich ein Käufer. Verkäufer, die mit ihrer Preisvorstellung 5 Prozent über dem Basispreis (= realistischer Kaufpreis) lagen, konnten nach rund 60 Tagen ihr Objekt zum Basispreis verkaufen (in 99 Prozent aller Fälle). Verkäufer, die 20 Prozent mehr verlangten, warteten dagegen nicht nur länger als ein Jahr auf einen Käufer, sondern konnten nur in 8 von 10 Fällen ihren Kaufpreis durchsetzen. Und hat man endlich einen Käufer gefunden, der bereit ist, einen höheren Preis zu zahlen, bleibt das Geschäft so lange eine Zitterpartie, bis dieser Käufer auch eine Bank gefunden hat, die bereit ist, den überteuerten Kaufpreis zu finanzieren. Seit der Finanzkrise sind die Banken vorsichtiger geworden, weshalb nicht auszuschließen ist, dass der Kunde das Objekt nicht finanzieren kann und so der ganze Kaufvertrag rückabgewickelt werden muss.

Aus meiner Sicht ein teuer erkaufter Sieg. Sie werden im weiteren Verlauf dieses Buches lesen, dass die Kosten mit jedem „Nichtverkaufstag" steigen und so am Ende den Gewinn aufzehren. Eine Redensart empfiehlt: *„Lieber den Spatz in der Hand als die Taube auf dem Dach".* Im übertragenen Sinne sollten Immobilienverkäufer den realistischen Preis verlangen, statt auf den einen Käufer zu warten, der überteuert kauft. Je eher Sie verkaufen, desto freier sind Sie in Ihren Entscheidungen.

So beeinflusst ein überhöhter Verkaufspreis den Verkaufszeitraum:

Basispreis in % +
Aufschlag in %

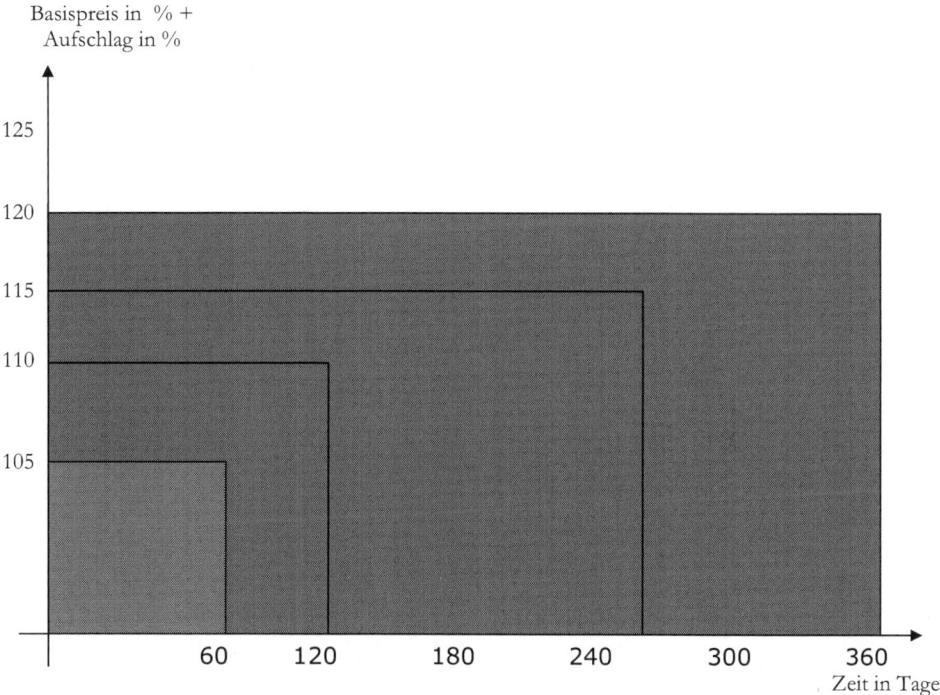

Zeit in Tagen

Die marktgerechte Bewertung eines Objektes steht somit an erster Stelle einer guten Planung. Wer aus den zuvor genannten Gründen nicht in der Lage ist, einen realistischen Verkaufspreis zu errechnen, sollte, nein, er muss sich Hilfe von außen holen. Es gibt verschiedene Anbieter, die berufsbedingt in der Lage sind, eine realistische Bewertung vorzunehmen und so zu einem fairen Preis kommen. Dazu ist es erforderlich, alle nur erdenklichen Unterlagen zum Objekt selbst und zur Liegenschaft, also Grundstück, zusammenzutragen. Bei älteren Bauten ist das nicht immer ganz einfach, aber auch nicht unmöglich. Vielfach halten die örtlichen Bauämter Unterlagen bereit, die gegen eine geringe Gebühr als Kopie ausgehändigt werden.

 *Objekte aus jüngster Zeit können in der Regel eine lückenlose Vita nachweisen. Teilweise liegen sogar noch die alten Baurechnungen vor, die einen guten Ansatz bilden, hier schnell zu einer realistischen Einschätzung zu kommen.*

Sobald dieser Schritt abgeschlossen ist, überlegt sich der vorausschauende Verkäufer, wie er die richtigen Interessenten erreicht. Dafür gibt es mehrere Möglichkeiten, auf die ich an anderer Stelle noch näher eingehen werde. In jedem Fall aber muss im Vorfeld die Erreichbarkeit sichergestellt werden. Wir leben in einer schnelllebigen Zeit. Käufer sind es gewohnt, sofort bedient zu werden – ein weiteres Indiz für einen Käufermarkt. Oft stellt sich im Nachhinein heraus, dass ein Objekt schon viel eher den Besitzer hätte wechseln können, wäre der Verkäufer – übertrieben dargestellt – rund um die Uhr erreichbar gewesen. Trotz modernster Kommunikationseinrichtungen lehnen viele Anrufer den Anrufbeantworter ab. Sie sind nicht bereit, eine Nachricht zu hinterlassen. Für Sie als Verkäufer eines Objektes im sechsstelligen Euro-Bereich kann aber genau das zu einem Problem werden. Wer als Anrufer nicht seine Daten nennt, kann auch nicht zurückgerufen werden. Da kann das Interesse des potenziellen Käufers noch so groß sein, wenn er sich „schlecht beraten" fühlt, kommt es erst gar nicht zu einem ersten Termin. Der kluge Verkäufer stellt also sicher, dass jede Anfrage zeitnah erfasst und beantwortet wird. Entweder durch eine Telefon-Rufumleitung auf das Handy, oder aber der Lebenspartner übernimmt die „Telefonzentrale". Je nach Dringlichkeit und Wert eines Objektes können auch externe Agenturen gebucht werden, die eine telefonische Erreichbarkeit sicherstellen.

Im ersten Moment der Kontaktaufnahme ist Fach- und Detailwissen nicht so wichtig. Wichtig ist zunächst, Vertrauen herzustellen. In unserer informationsüberfluteten Wissensgesellschaft kommt häufig das Menschliche zu kurz. Wenn Sie es schaffen, eine harmonische Gesprächsführung aufzubauen, sind Sie der Konkurrenz um Lichtjahre voraus. Meiner Erfahrung nach wollen die meisten Anrufer ohnehin nur einige Rahmendaten zum Objekt abfragen. Der eine sucht ein Haus mit Garage, der nächste mit Keller und der übernächste braucht ein Haus mit Garten. Sie können in Ihrer Immobilienanzeige oder einem Exposé fünfmal schreiben, dass Ihr Haus keinen Keller hat. Sie werden es erleben, dass exakt danach gefragt wird. Antworten Sie zynisch, wie z. B. mit *„Wer lesen kann, ist im Vorteil"*, bringen Sie sich

unter Umständen um den Erfolg. Sehen Sie in solchen Nachfragen auch einen Wink des Schicksals. Ich habe es schon öfter erlebt, dass ein Keller nur deshalb gewünscht wird, weil die Modelleisenbahn irgendwie aufgebaut werden muss. Dass so etwas auch auf einem ausgebauten Dachboden möglich ist, kommt vielen erst nach einem Gespräch in den Sinn. Andere wiederum meinen, eine Heizungsanlage gehöre zwingend in den Keller. Erklärt man ihnen, dass die modernen platzsparenden Systeme auch auf dem Dachboden installiert werden können, ist ein fehlender Keller kein Thema mehr.

Wer gut zuhören kann, erfährt viel Neues. Wer viel redet, erfährt vom anderen nichts. Lassen Sie den potenziellen Kunden reden, indem Sie nur wenige Fragen stellen. Diese Informationen, die Sie so bekommen, sind wichtig für das Verkaufsgespräch. Wer weiß, wo dem Kunden der Schuh drückt, kann eine Lösung anbieten.

„Zeit ist Geld", sagt eine Redensart. Kluge Verkäufer verbringen ihre Zeit nicht mit Interessenten, die sich noch in der „Dream-Phase" bewegen. Sie interessieren sich in erster Linie für Interessenten, die diese Phase hinter sich gelassen haben und nun in die „Sales-Phase" eingetreten sind. Kaufinteressenten, die sich noch in der Dream-Phase befinden, sind „Sehleute", keine „Kaufleute". In diesem Stadium ihrer Aktivitäten wollen sie möglichst viele Immobilien ansehen und nichts kaufen. Sie träumen noch von *der* Immobilie. Kurzum: Sie sind davon überzeugt, eines Tages exakt das Haus zu finden, das ihren Wünschen entspricht. Die Kaufinteressenten, die sich in der Sales-Phase bewegen, sind inzwischen eines Besseren belehrt worden. Sie haben sich mehrere Dutzend Häuser angeschaut und festgestellt, dass es nicht *die* Immobilie gibt, sondern Kompromisse einzugehen sind. Sie haben also die Lernphase hinter sich und sind nun bereit, das eine Objekt zu kaufen, das ihren Vorstellungen am ehesten entspricht. Und genau auf diese Gruppe der Interessenten konzentrieren sich die Verkäufer.

Dream- und Sales-Phase

3.1.2 Definition der Zielgruppe

„Im Haus des Glücks ist der Warteraum
das größte Zimmer."

Redensart aus Frankreich

In diesem Kapitel geht es mir nicht darum, die unterschiedlichen Haustypen vorzustellen. Der Unterschied zwischen einem Doppel- und einem Einfamilienhaus dürfte jedem geläufig sein, auch den potenziellen Käufern. Nur die wenigsten werden auf den unsinnigen Gedanken kommen, ein Einfamilienhaus anzuschauen, wenn eine Eigentumswohnung gesucht wird. Mir erscheint wichtig, dass Sie als Verkäufer erkennen, ob Sie einen „echten" Interessenten vor sich haben oder einen, der nur aus reiner Langeweile ein Objekt besichtigen will oder sogar kriminelle Interessen verfolgt. Auch das passiert in diesen Zeiten immer öfter. Die Täter können im Vorfeld ihrer geplanten Aktion das Objekt ihrer Begierde in Augenschein nehmen, ohne dabei Verdacht zu erregen. Gibt es einen sichereren Weg, einen Einbruch zu planen, wenn man sogar schon weiß, wo der Besitzer seinen Schmuck verwahrt?

Vorsicht: Nicht jeder Besucher ist ein potenzieller Krimineller. Betrachten Sie meine Ausführungen hierzu nur als Warnung. Schauen Sie sich genau an, wer zu Ihnen ins Haus kommt. Das gilt auch für die zweite Spezies, die sich einen Spaß daraus macht, trübe Sonntagnachmittage mit einer Wohnungsbesichtigung zu vertreiben. Frei nach Friedrich Nietzsche: *„Die Pinie scheint zu horchen, die Tanne zu warten, und beide ohne Ungeduld. Sie denken nicht an den kleinen Menschen unter sich, den seine Ungeduld und seine Neugierde auffressen."*

Fragen Sie jemanden, der einmal eine Wohnungsbesichtigung durchgeführt hat. Er wird Ihnen von einigen Fällen berichten können. Natürlich geben sich diese Leute nicht zu erkennen. Deshalb ist es so wichtig, die Spreu vom Weizen zu trennen. Am besten im Vorfeld, also bevor diese „Seher" Ihr Objekt betreten. Sollte es nicht möglich sein, müssen Sie ein Gespür dafür entwickeln, diese Gruppe der Nichtinteressierten und zeitraubenden Kandidaten herauszupicken. In Ihrer höflichen und zuvorkommenden Art bitten Sie sie zur Tür. Ihre Zeit ist zu kostbar, als dass Sie sie so vergeuden.

Niemand läuft mit einem Schild um den Hals herum, um seine Absichten zu zeigen. Nur durch ein persönliches Gespräch, am Telefon oder im direkten Kontakt, finden Sie heraus, was Ihr Gegenüber möchte. Am ehesten erreichen Sie die Menschen durch gezielte Fragen:

1. Was suchen Sie genau?
2. Gibt es bestimmte Anforderungen an Ihre neue Immobilie, wie z. B. Ausstattung, Größe, Lage etc.?
3. Welche Punkte würden Sie bei Ihrer neuen Immobilie nicht akzeptieren?
4. Wollen Sie die Immobilie als Kapitalanlage kaufen oder beabsichtigen Sie, selbst einzuziehen?
5. Wie viele Zimmer brauchen Sie?
6. Wie hoch ist Ihr Budget?
7. Ist Ihre Finanzierung bereits gesichert?
8. Wann wollen Sie kaufen bzw. wann haben Sie vor einzuziehen?
9. Wie lange suchen Sie schon?
10. Wie viele Häuser haben Sie sich schon angesehen?
11. Warum haben Sie noch nicht gekauft?

Anhand dieser Fragen können Sie den Kreis der Interessierten für Ihre Wohnung einschränken. Das spart nicht nur Zeit, sondern ist viel effektiver, weil Sie sich gleich mit den richtigen unterhalten. Dabei kommt es entscheidend darauf an, die Sprache Ihres Gegenübers zu sprechen. Wer eine Eigentumswohnung sucht, liebt es bequem. Das ist eine Lebenseinstellung, die sich auf allen Ebenen widerspiegelt. Deshalb kauft er sich auch eine Eigentumswohnung, weil er sich hier in der Regel um nichts mehr kümmern muss. Je nach Vertrag braucht er sich als Eigentümer einer Eigentumswohnung weder ums Objekt noch um den Garten zu kümmern, anders als es z. B. der Besitzer einer Doppelhaushälfte tun muss. Diese Bequemlichkeit eines potenziellen Käufers ist für gewöhnlich ein Charaktermerkmal. Sie können also darauf schließen, dass er es in der Regel immer bequem angehen lässt. Insofern sollten Sie Ihr Gespräch, aber auch ein schriftliches Angebot, danach ausrichten. Sie könnten ihm z. B. erklären, wie bequem die Geschäfte zur Deckung des täglichen Bedarfs erreicht werden können. Sie können u. U. mit einem Aufzug im Haus punkten und ihm so erklären, wie bequem die Eigentumswohnung im fünften Stock zu erreichen ist. Selbst das Schleppen schwerer Getränkekisten wird so zum Kinderspiel. Wer gekonnt die „richtigen" Worte findet, weil er sich vorbereitet hat, kommt schneller zum Ziel. Der US-amerikanische Schriftsteller Mark Twain (1835-1910) sagte hierzu:

> *„Große Macht übt das richtige Wort aus. Immer, wenn wir auf eines dieser eindringlichen, treffenden Worte stoßen, ist die Wirkung physisch und geistig und blitzartig spontan."*

Deshalb ist Planung so wichtig. Je genauer Sie wissen, über welche Charaktermerkmale potenzielle Käufer verfügen, desto sicherer können Sie hieraus einen Gesprächsleitfaden für Ihr Objekt entwickeln. Das führt Sie schneller zum Ziel, also zum unterschriebenen Kaufvertrag.

Im Nachfolgenden habe ich einige „Beweggründe" zusammengetragen. Daraus ergibt sich die Zielgruppe für Ihr Objekt.

3.1.2.1 Eigentumswohnung

Wie der Name schon sagt, handelt es sich um eine Wohnung und nicht um ein Haus. Der Käufer erwirbt Eigentum an der Wohnung in Verbindung mit einem Anteil am Gemeinschaftseigentum, wie z. B. Hausflur, Parkplatz, Vorgarten etc. pp. Was genau mit dem Verkauf eines solchen Objektes übertragen wird, geht aus der Teilungserklärung hervor. Die Bezeichnung Eigentumswohnung hat nichts mit der Größe des Mehrfamilienhauses zu tun. Selbst in einem Einfamilienhaus mit zwei abgetrennten Wohnungseinheiten (z. B. Unter- und Oberwohnung mit getrennten Eingängen) kann Wohnungseigentum im rechtlichen Sinne gebildet werden.

Das sucht „Ihre" Zielgruppe, wenn Sie sich für eine Eigentumswohnung interessiert:

1. zentrale Lage
2. weniger Wohnfläche
3. Sicherheit (ein Mehrparteienhaus steht, je nach Mieterklientel, für mehr Sicherheit als ein freistehendes Einfamilienhaus am Stadtrand)
4. günstigeren Kaufpreis gegenüber einem Haus
5. günstige Unterhaltskosten
6. geringere Verbrauchskosten
7. keine Verantwortung, weil sich Hausmeister und Verwalter um das Objekt kümmern
8. keine lästige Gartenarbeit

Natürlich sagt auch die Größe der Eigentumswohnung etwas über das Interesse eines Käufers aus. Wenn Sie eine Ein-Zimmer-Wohnung verkaufen möchten, sind Kindergärten oder Schulen für diese Zielgruppe nicht interessant, sehr wohl aber gute Erreichbarkeit von Ladengeschäften und Restaurants in der Nähe.

 *Fazit: Käufer von Eigentumswohnungen legen Wert auf Bequemlichkeit, sind preis- und kostenbewusst und lieben die Nähe zu zentralen „Knotenpunkten".*

3.1.2.2 Reihenhaus

Wenn mehrere Häuser in einer Reihe stehen und somit eine Gruppe von mindestens drei Häusern bilden, handelt es sich im baurechtlichen Sinne um Reihenhäuser. Dabei spielt es keine Rolle, ob die Häuser in einer Flucht zueinander oder räumlich versetzt stehen. Sie müssen in jedem Fall als ein zusammenhängendes Bauwerk erkennbar sein, weshalb es immer eine gemeinsame Hauswand gibt – nicht zwingend am Stück, sondern auch einzeln (z. B. die linke Hauswand von Haus A ist die rechte Hauswand von Haus B). Darüber hinaus müssen alle zum Bauwerk gehörenden Häuser an einer gemeinsamen Grundstücksgrenze liegen.

Wer sich für ein Reihenhaus interessiert, will:

1. eine zentrale Lage
2. die Ressourcen schonen (Kaufklientel möchte keine Eigentumswohnung oder ein Doppelhaus. Weil sie die Bodenressourcen (ökologischer Gedanke) schonen wollen, bevorzugen sie ein Reihenhaus. Wenig Fläche – viel Raum, das ist ihr Interesse)
3. eine gute Nachbarschaft (und damit „Sicherheit")

4. günstige Anschaffungskosten (Reihenhäuser sind teurer als eine Eigentumswohnung, aber billiger als ein Doppelhaus[1])
5. dass möglichst geringe Unterhaltskosten anfallen

 *Fazit: Käufer von Reihenhäusern sind umweltbewusst, übernehmen Verantwortung für die nachfolgende Generation und achten auf Preise.*

3.1.2.3 Doppelhaus

Umgangssprachlich versteht man unter einem Doppelhaus zwei aneinandergebaute Einfamilienhäuser mit klar sichtbarer Trennung. Diese Häuser können in einer Flucht zueinander stehen oder versetzt. Rechtlich gesehen gibt es zwei Grundbücher. Doppelhäuser sind „halbe" Einfamilienhäuser und damit erschwinglicher als ein Eigenheim auf einem größeren Grundstück.

Käufer eines Doppelhauses lassen sich wie folgt charakterisieren:

1. Sie wollen Vermögen bilden (in Form von Sachwerten), sich aber dabei nur so gering wie möglich verschulden.
2. Sie wollen Unabhängigkeit (keine Verwalter, kein Hausmeister).
3. Sie wollen das beste Preis-Leistungs-Verhältnis bei allem, was sie tun.

---

[1] Meine Aussagen setzen immer vergleichbare Wohnqualitäten im vergleichbaren Umfeld voraus. Es versteht sich von selbst, dass eine Eigentumswohnung in München-Schwabing um ein Vielfaches teurer ist als ein Reihenhaus in Cottbus, während das Reihenhaus in München-Schwabing teurer ist als die Eigentumswohnung in gleicher Wohnlage.

4. Sie möchten mitreden („ja, wir haben auch einen Garten"), gleichzeitig aber wenig Arbeit mit ihrem „Vermögen" (kleiner Garten = wenig Arbeit, großer Garten = viel Arbeit).

Fazit: Käufer von Doppelhäusern fühlen sich als „etwas" besser – immerhin können sie sich ein eigenes Haus leisten. Weil sie aber verantwortungsvoll sind, überspannen sie auch in finanzieller Hinsicht den Bogen nicht.

3.1.2.4 Einfamilienhaus

Das Eigenheim zählt zu den teuersten Anschaffungen am Immobilienmarkt und ist damit nicht für jedermann erschwinglich. Unter Berücksichtigung aller Kosten, also auch der Grundstückskosten, ist hier der Quadratmeterpreis von allen vorgestellten Immobilienarten am höchsten. Das freistehende Einfamilienhaus zeigt nach außen, *„dass man es geschafft hat"*. Je größer das Objekt, desto höher das Ansehen seitens der Nachbarn und der Gesellschaft – wobei diese Aussage ein wenig relativiert werden muss. Es ist ein Unterschied, ob jemand ein Einfamilienhaus in einem Neubaugebiet einer Gemeinde erwirbt, die hier zu günstigen Preisen Grundstücke anbietet, oder ein Einfamilienhaus im Berliner Grunewald oder in München-Schwabing. Dennoch handelt es sich bei den Käufern immer um zahlungskräftige Käufer, die das Besondere lieben – und:

- Sie wollen allein auf ihrem Grundstück leben.
- Sie lieben Freiheiten.
- Sie sind bereit, tiefer in die Tasche zu greifen, und das dauerhaft, weil ein Eigenheim auch deutlich höhere Bewirtschaftungskosten verursacht.
- Sie sind Individualisten.

3.1.3 Verkaufsaktivitäten

„Das Wort Geduld ist ein Schatz im Haus."

Chinesische Weisheit

Planen Sie für den Verkauf Ihrer Immobilie ausreichend Zeit ein, insbesondere dann, wenn Sie an bestimmten Tagen eine Immobilienanzeige geschaltet haben. In der Regel erscheinen diese Anzeigen an einem Samstag, weil fast alle Tageszeitungen eigens eine Rubrik dafür eingerichtet haben. Unter der Woche scheint dieses nicht immer ein Thema zu sein. Stellen Sie sicher, dass Sie mindestens an diesem Wochenende telefonisch erreichbar sind. Legen Sie alle Daten und Fakten, die die Immobilie betreffen, griffbereit neben Ihr Telefon, um jede Frage direkt zu beantworten. Halten Sie Papier und Stift bereit, um sofort wichtige Daten der Anrufer zu notieren.

Sollten Sie Ihre Immobilie auch im Internet bewerben, dann empfiehlt es sich, hier auf eine Telefonnummer zu verzichten und nur eine E-Mail-Adresse zu hinterlegen. Ein Interessent kann somit nur eine E-Mail-Anfrage an Sie senden. Die, die sich mit diesem Medium auskennen, haben damit kein Problem. Sie sind es gewohnt, den schriftlichen Weg zu gehen. Richten Sie sich für die Korrespondenz eine eigene E-Mail-Adresse ein, die Sie fast überall kostenlos bekommen (z. B. bei web.de oder auch t-online.de).

So genannte Spam-Roboter scannen in regelmäßigen Abständen alle öffentlich zugänglichen Internetseiten ab und übernehmen die dort hinterlegten E-Mail-Adressen. Fortan werden Sie mit Spams überrollt. Handelt es sich bei dieser E-Mail-Adresse um Ihre private, füllt sich nunmehr täglich Ihr elektronisches Postfach mit dem unsäglichen Datenmüll. Die E-Mail-Adresse, die Sie eigens für die Korrespondenz in Sachen Immobilienverkauf eingerichtet haben, können

Sie nach erfolgreichem Verkaufsabschluss löschen und sich so dauerhaft vor diesem Spam-Wahnsinn schützen.

Echte Hardcore-Verkäufer (englischer Begriff für „harter Kern") schrecken vor nichts zurück und stellen ein Verkaufsschild in den Garten. Für jedermann sichtbar ist nun ihr Ansinnen. Hardcore ist dies deshalb, weil damit zu rechnen ist, dass jedermann die Chance hat, unangemeldet und selbst im unpassendsten Moment in Ihrer Tür stehen kann, um sich über das Objekt zu informieren. Das müssen Sie als Verkäufer aushalten können. Ich könnte es nicht, nicht nur, weil mir mein Eigenheim heilig ist, sondern auch, weil ich keine Überraschungsmomente mag. Ich muss wissen, mit wem ich es zu tun haben werde. Deshalb ist die Kontaktaufnahme über das Telefon oder über E-Mail für mich der bessere Weg. Wer anderer Meinung ist, sollte immer daran denken, dass Interessenten auch andere Absichten hegen können als den Kauf eines Hauses.

3.1.4 Werbebudget

„Werbung muss sein! Warum? Hühner legen Eier, Gänse auch.
Aber Hühner gackern – Gänse nicht.
Na, kauft jemand Gänseeier?"

Henry Ford

Alles im Leben hat seinen Preis, und wer an das Geld anderer Leute möchte, muss sich und sein Produkt, in diesem Fall die Immobilie, ins Gespräch bringen. Je mehr Geld Sie zur Verfügung haben, desto großzügiger können Sie diesbezüglich auftreten. Das heißt aber nicht, dass Sie dadurch automatisch mehr Erfolg haben. Man kann es gar nicht oft genug betonen, wie wichtig ein Plan ist. Nur wenn Sie wissen, was Sie tun müssen, erreichen Sie Ihr Ziel. Wenn Sie dagegen planlos eine Möglichkeit nach der anderen ausprobieren, werden Sie den Verkaufsprozess gefährlich in die Länge ziehen und vielleicht gar keinen Erfolg haben. Geld allein entscheidet nie über das Zustandekommen eines Kaufvertrages. Es ist so, wie es Mark Twain formulierte: *„Nachdem wir das Ziel aus den Augen verloren, verdoppelten wir unsere Anstrengungen".* Nicht die Summe Ihres Werbebudgets entscheidet, sondern einzig und allein, wie und wo Sie Ihre Werbung einsetzen. Wenn Sie das Richtige tun, werden Sie sehen, dass Sie auch mit deutlich weniger Geld auskommen als andere.

Überlegen Sie, wie Sie sich und Ihre Immobilie ins Gespräch bringen, und Sie erhalten nicht nur die beste Werbung, sondern eine, die Sie keinen Cent kostet. Einige Unternehmer verstehen es geradezu meisterhaft, Werbung zu schalten, ohne dass sie dafür auch nur einen Cent bezahlen müssen. Es gibt in Deutschland mehr als 10.000 Zeitungen und Zeitschriften. So wird deutlich, wie viel Geld Sie in die Hand nehmen müssten, um in allen Zeitungen eine Anzeige schalten zu können. Vor diesem Problem stehen natürlich auch die Unternehmer, insbesondere dann, wenn sie überregional und deutschlandweit verkaufen. Und doch gibt es einige pfiffige Menschen, die es immer wieder schaffen, dass sie, ohne einen einzigen Cent in die Hand zu nehmen, in allen Zeitungen genannt werden – und das sogar im redaktionellen Teil.

Erinnern Sie sich noch, wie 2009 tagelang in der Presse zu lesen war, dass die Billigfluglinie Ryanair zukünftig eine Toilettengebühr erheben möchte, wenn jemand während des Fluges selbige benutzen muss? Im wahrsten Sinne des Wortes! Es wurden die abenteuerlichsten Ideen entwickelt. Von einem Münzeinwurfgerät an der Toilettentür war genauso die Rede wie von einem Kartenlesegerät, damit auch ohne Bargeld die Toilette benutzt werden kann. Tagelang berichteten Fernsehen, Tageszeitungen, Radiosender und natürlich das Internet über diese verwegene Idee. Immer wieder wurde der Chef des Unternehmens zitiert, der diese Maßnahme mit den günstigen Flugpreisen seiner Gesellschaft begründete. Wann immer er sprach, hörten wir, dass seine Gesellschaft so billig fliegt, dass sie selbst dann noch billig ist, wenn man fürs „stille Örtchen" einen Euro zahlen muss. Es spielt also keine Rolle, ob diese Gebühr erhoben wird oder nicht. Die Fluggesellschaft war durch diese „Idee" in aller Munde. Fast jeder wusste um dieses Thema und amüsierte sich darüber. Gibt es eine bessere Werbung? Und dazu noch kostenlos. Glauben Sie, dass dieses, eigentlich freche, Ansinnen, mit der Bedürftigkeit von Fluggästen Geld zu verdienen, auch nur einen Fluggast von Ryanair zu Lufthansa wechseln lässt? Vergleichen Sie die Preise und Sie wissen, was ich meine. Ich bin mir sicher, dass diese Gebühr in erster Linie ein Werbegag vom Feinsten gewesen ist und nun jedermann in Deutschland weiß, wie günstig Ryanair fliegt. Beim nächsten Flug werden sich die Menschen mit Sicherheit an Ryanair erinnern.

Das ist Marketing in Reinkultur.

Sie haben keine Fluggesellschaft und wollen „nur" ein Haus verkaufen? Sie verlangen keine Toilettengebühr, wenn ein Besucher selbige benutzt? Ihnen fehlt aber die Medienpräsenz? Nun, dann lassen Sie sich etwas Außergewöhnliches einfallen, um sich und damit Ihr Haus ins Gespräch zu bringen. Es gibt Hunderte von Möglichkeiten. Denken Sie nur an Weihnachten. Wie oft berichten regionale Zeitungen von Eigenheimbesitzern, die mehr Lichterkerzen ums weihnachtlich geschmückte Haus angebracht haben als auf dem Münchener Oktoberfest. Das ist so ungewöhnlich, dass regionale Reporter darüber schreiben und das Objekt sogar kostenlos abdrucken.

Vielleicht haben Sie auch den größten Kürbis in Ihrem Garten oder die höchste Sonnenblume. Die Medien sind immer auf der Suche nach einem „Knaller". Je kreativer Sie hier vorgehen, desto schneller sind Sie im Gespräch.

Für alle die, die diesen Weg aus verständlichen Gründen nicht gehen wollen, empfiehlt es sich, ausreichend finanzielle Mittel für Anzeigenwerbung, Exposé-Erstellung usw. einzuplanen. Erkundigen Sie sich im Vorfeld über die Anzeigenkosten in den unterschiedlichen Medien. Wählen Sie dabei nicht nur die marktführende Zeitung aus, sondern auch die kostenlosen Anzeigenblätter, die es fast in jeder Region gibt. Auch hier finden sich Immobilienrubriken. Wie eine Verkaufsanzeige am besten gestaltet ist, zeige ich Ihnen im weiteren Verlauf.

3.2 Fehlende Unterlagen

3.2 Fehler Nr. 2:
Fehlende Unterlagen

3.2.1 Unterlagen zum Objekt (Baupläne)

„Aller Eifer, etwas zu erreichen, nutzt freilich gar nichts, wenn du das Mittel nicht kennst, das dich zum erstrebten Ziele trägt und leitet.“

Cicero

Werbung ist deshalb erfolgreich, weil sie die Gefühle der Menschen anspricht. Darauf setzt insbesondere die Autoindustrie in ihren Werbespots. Natürlich steht das Auto im Vordergrund, doch wird oft eine Geschichte drumherum gebaut. So fahren erfolgreiche Manager ein Auto mit Stern, während die erfolgsverwöhnte Frau eher auf ein Cabrio-Modell aus Bayern setzt. Damit suggeriert die Werbung, dass auch Sie als Zuschauer in dieser wunderbaren Erfolgswelt leben können, wenn Sie das richtige Auto fahren.

Auch Sie sind im Moment des Verkaufs ein Werbender. Sie müssen im übertragenen Sinne um die Gunst der Käufer werben. Leichter haben Sie es, wenn es Ihnen gelingt, die Gefühle der Menschen zu erreichen. Immobilienkäufer wollen in erster Linie den Traum vom eigenen Haus realisieren. Deshalb sollten Sie ihnen so viele Unterlagen wie möglich an die Hand geben, damit dieser Traum Realität wird. Auch wenn es sich von allein versteht – es gibt doch immer wieder Fälle, wo der Immobilienverkäufer keine Unterlagen zur Hand hat und die potenziellen Käufer damit vertröstet, selbige beschaffen zu wollen. Das ist nicht gut. Ein unprofessioneller Auftritt verschreckt Käufer, die nicht selten das Weite suchen und so auf andere Angebote zurückgreifen. Interessenten sind wie Diamanten, man muss sie lange „bearbeiten", bis sie ihren Schatz freigeben, also bereit zur Unterschrift sind. Und einen solchen „Schatz" sollten Sie nie aus der Hand geben.

Der professionelle Verkäufer händigt ernsthaften Interessenten die wichtigsten Unterlagen aus. Dabei achtet er darauf, dass selbige „sauber" kopiert sind.

Also nicht so:

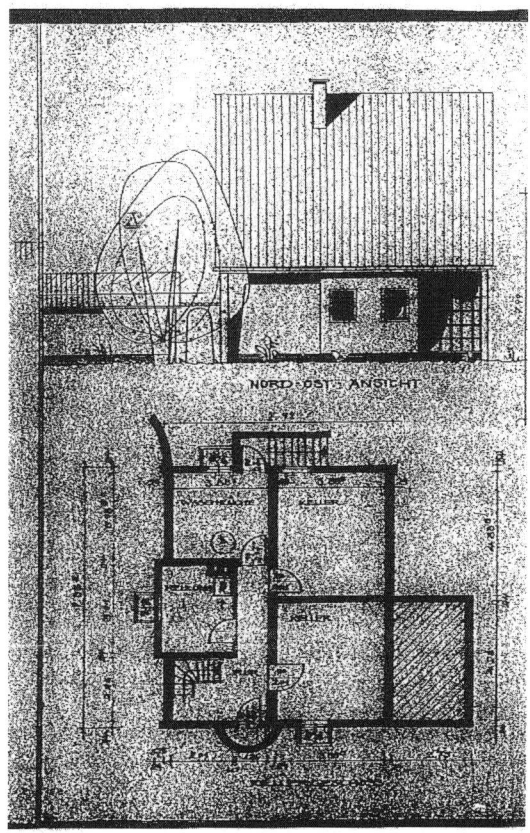

So ist es besser:

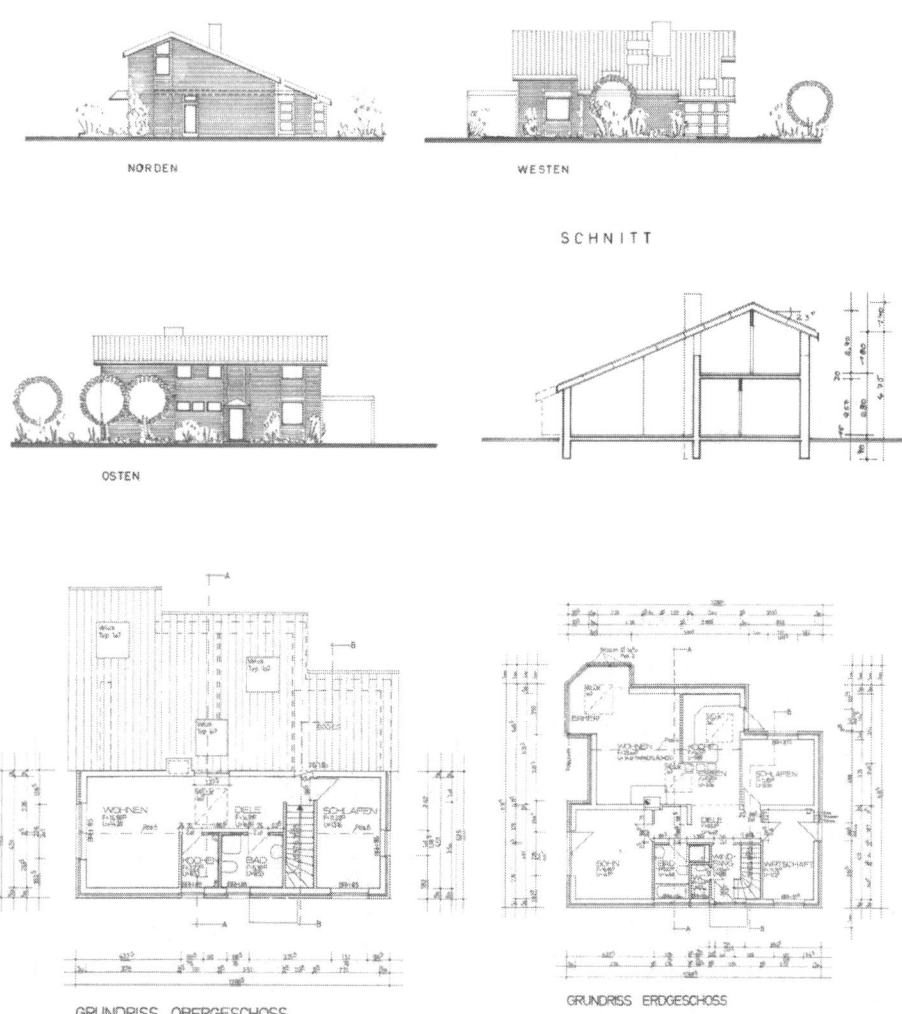

NORDEN

WESTEN

SCHNITT

OSTEN

GRUNDRISS OBERGESCHOSS

GRUNDRISS ERDGESCHOSS

Für ein paar Euro mehr liefern Copy-Shops auch Farbkopien. Mit kolorierten Unterlagen erhöhen Sie die Aufmerksamkeit Ihrer Interessenten.

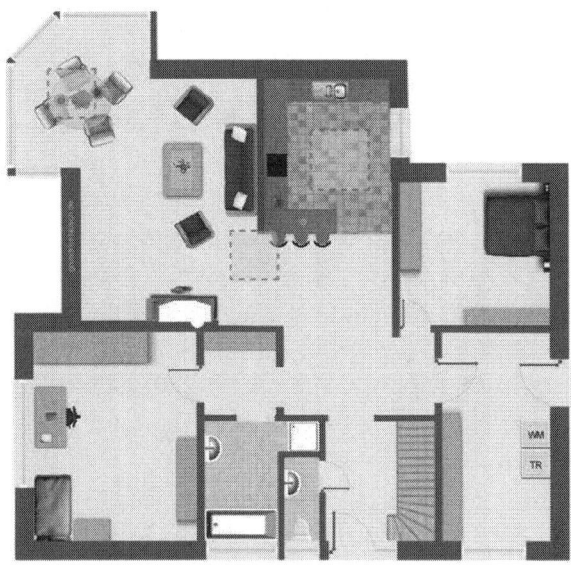

Erdgeschoss

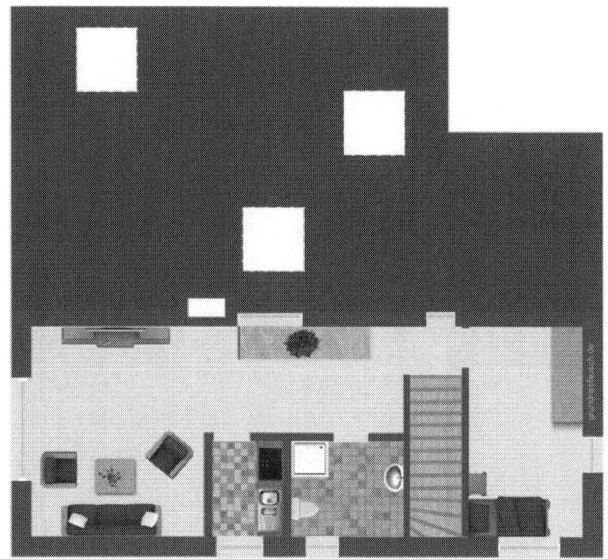

Dachgeschoss

Diese Unterlagen sind bereitzuhalten:

- ✓ Bauzeichnungen (Grundrisse, Schnitt, Ansichten im Maßstab 1:100)
- ✓ Aktueller Auszug aus der Liegenschaftskarte
- ✓ Flächenberechnungen (inkl. Kubatur = Kubikmeter umbauter Raum, diese Zahl ist für die finanzierende Bank wichtig)
- ✓ Baubeschreibung (möglichst mit ausführlichen Angaben über den verwendeten Ziegelstein, die Dachpfannen (Marke), aus welchem Material sind Fenster und Türen etc.)
- ✓ Entwässerungsplan des Grundstücks
- ✓ aktueller Grundbuchauszug
- ✓ Auszug aus dem Baulastenverzeichnis (hier werden öffentlich-rechtliche Verpflichtungen eines Grundstückseigentümers gegenüber der Baubehörde eingetragen)
- ✓ Mietvertrag, falls die Immobilie vermietet ist
- ✓ Abrechnungen vom Gas- und Stromversorger
- ✓ Abgaswertbescheinigung vom Schornsteinfeger
- ✓ Anliegerbeitragbescheid der Stadt/Kommune
- ✓ Versicherungsunterlagen
- ✓ Rechnungen der letzten fünf Jahre
- ✓ Energieausweis

Bei Eigentumswohnungen sind zusätzlich bereitzuhalten:

- ✓ Teilungserklärung
- ✓ aktuelle Hausgeldabrechnung nebst Wirtschaftsplan
- ✓ Protokoll der letzten Eigentümerversammlung
- ✓ aktueller Stand der Instandhaltungsrücklage

Wenn Sie nicht im Besitz dieser Unterlagen sind, kann Ihnen in der Regel das zuständige Bauordnungsamt Ihres Landkreises Kopien aushändigen.

3.2.2 Grundbuch

Das Grundbuch ist ein amtlich-öffentliches Verzeichnis von Grundstücken, in dem die Eigentumsverhältnisse sowie alle mit dem Grundstück verbundenen Rechten und auf ihm liegende Lasten erfasst werden. Unter einem Grundstück wird im weitesten Sinne ein Teil der Erdoberfläche verstanden, der von einer in sich zurücklaufenden Grenzlinie umschlossen ist. Dieser Teil wird in eine Flurkarte eingezeichnet und mit einer eigenen Nummer versehen. Über dieses „Stück Land" wird nun ein Grundbuch angelegt, welches beim Grundbuchamt des zuständigen Amtsgerichts, in dessen Bezirk das Grundstück liegt, geführt wird. Das Grundbuch besteht aus:

1. Aufschrift
2. Bestandsverzeichnis
3. erster Abteilung
4. zweiter Abteilung
5. dritter Abteilung

1. Aufschrift

Hier sind Grundbuchbezirk, die Nummer des Bestandes und das Grundbuchblatt eingetragen.

2. Bestandsverzeichnis

Hier finden Sie Angaben über die Lage, Art und Größe des Grundstückes.

3. Erste Abteilung

Hier sind der oder die Eigentümer des Grundstückes eingetragen. Solange alle eingetragenen Eigentümer noch leben und voll geschäftsfähig sind, kann ein Verkauf problemlos abgewickelt werden, wenn sich die Beteiligten einig sind. Bei nicht geschäftsfähigen Personen entscheidet das Vormundschaftsgericht. Was wie ein „ganz normaler" Vorgang aussieht, entpuppt sich in der Realität als schwieriges Unterfangen. Das Vormundschaftsgericht wird für gewöhnlich dem Kaufvertrag nicht ohne Gutachten zustimmen. Wenn sich Käufer und geschäftsfähiger Verkäufer einig sind, vertritt das Vormundschaftsgericht die Interessen der von ihr vertretenen Person.

Um hier jedes Risiko auszuschließen, wird ein vom Gericht in Auftrag gegebenes Gutachten erstellt, welches in der Regel vom Verkäufer zu bezahlen ist. Kosten von bis zu 2.000 Euro sind keine Seltenheit. Solange das Gutachten nicht vorliegt, kann der Verkauf nicht abgewickelt werden. Überdies kann im schlimmsten Fall der Gutachter einen deutlich höheren Preis ermitteln, sodass der Kauf an einem darunter liegenden Preis scheitert.

4. Zweite Abteilung

Lasten und Beschränkungen werden hier eingetragen. Eine Last, allerdings nur im juristischen Sinne, ist zum Beispiel das Wohnrecht für eine Person. Wenn die Großmutter die Immobilie auf eines ihrer Kinder überträgt, dann werden die Kinder als neue Eigentümer in die erste Abteilung eingetragen. Nun können die Kinder frei über das Objekt verfügen, also auch weiterverkaufen, um mit dem verdienten Geld dann die längst fällige Weltreise anzutreten. Dieses will die Oma aber nicht. Sie kann zwar die Weltreise nicht verbieten, wohl aber den Verkauf der Immobilie im weitesten Sinne. Durch die Eintragung eines Wohnrechtes auf Lebenszeit in der zweiten Abteilung ist nämlich sichergestellt, dass die Großmutter mitverkauft wird. Mit anderen Worten: Ein potenzieller Käufer kann die Großmutter niemals aus dem Haus werfen. Und ob ein neuer Eigentümer eine ihm völlig unbekannte Oma behalten möchte, bleibt dahingestellt. Es könnte aber auch ein Leitungsrecht eines Energieversorgers eingetragen sein. Oft finden sich in einigen Grundbüchern auch

Rechte, wie zum Beispiel das Aufstellen von einem Starkstrommast auf dem Grundstück.

Erinnern Sie sich noch an den Song „Maschendrahtzaun" von Stefan Raab aus dem Jahre 1999? In diesem Lied nahm er die Hausfrau Regina Zindler aufs Korn, die in einem Gerichtsprozess von ihrem Nachbarn verlangte, einen Knallerbsenstrauch zu entfernen. Selbiger stand auf der Grundstücksgrenze und beschädigte ihren Maschendrahtzaun. Die Klage wurde abgewiesen. *„Außer Spesen nichts gewesen"*, so hätte es auch hier laufen können, wenn Stefan Raab daraus nicht einen Song gemacht hätte, der ihr sicher einiges einbrachte und so den Schaden kompensiert haben dürfte. So lustig wie sich das hier liest, so traurig ist die dahinterstehende Geschichte. Nachbarschaftsstreitigkeiten sind nicht nur ärgerlich, sondern auch teuer. Wenn am Anfang eitel Sonnenschein herrscht, so reicht mitunter nur eine Pflanze, um einen handfesten Streit zwischen den Nachbarn *vom Zaun zu brechen*. Weil wir es mit Menschen zu tun haben, kann niemand Streitigkeiten ausschließen.

Wer auf Nummer sicher gehen will, senkt im Vorfeld das Risiko. Deshalb sollte vor Kauf einer Immobilie zwingend geklärt sein, wie die Wege- und Leitungsrechte vergeben wurden. Hinweise darüber finden Sie in dieser Abteilung oder aber beim Bauamt (Baulastenverzeichnis). Denken Sie immer daran: Gekauft wird ein Objekt mit allen Rechten und Pflichten. Einseitige Veränderungen durch den Käufer sind ausgeschlossen. Wer also wissen will, welche Leitungen über das Grundstück verlaufen, welche Häuser dort angeschlossen sind und wer unter Umständen das Recht hat, eben aus diesem Grund das Grundstück betreten zu dürfen, muss in diese Unterlagen schauen. Dort finden sich auch Hinweise, wer für den Winterdienst verantwortlich ist, wer, wie auf dem Land üblich, die Klärgrube wartet usw.

Leitungsrecht:

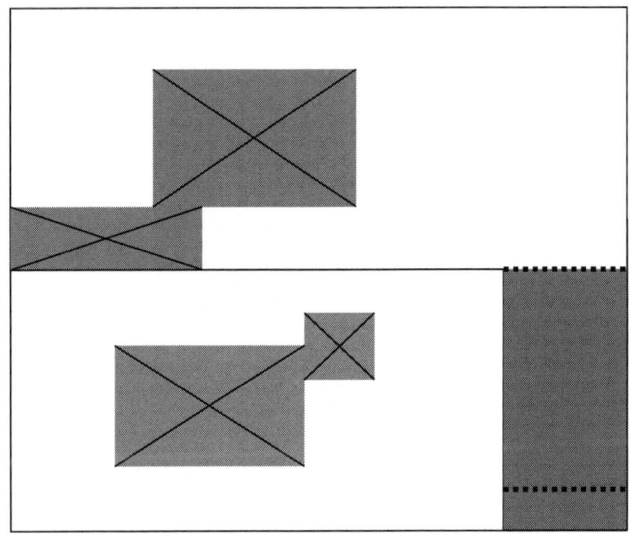

Sie wollen Ihr Haus, hier grün dargestellt, verkaufen. Das blaue Haus befindet sich im Besitz Ihres Nachbarn, mit dem weder Sie noch der Käufer bekannt oder verwandt ist. Die rote Fläche kennzeichnet die Zuwegung zum grünen Haus. In einem Vertrag, der in diesem Fall zwingend ist, wird geregelt, zu welchen Bedingungen dieses Überwegungsrecht ober- und unterhalb eingeräumt wurde. Oberhalb: Sie gehen oder fahren darüber; unterhalb liegen die Versorgungsleitungen. Achten Sie auf Details. Es kann sein, dass der Besitzer des blauen Hauses das Recht hat, Gartentore (gestrichelt eingezeichnet) setzen zu dürfen. Gründe dafür muss er nicht angeben. In der Praxis ist denkbar, dass die Tore geschlossen sind und jedes Mal von Ihnen geöffnet werden müssen, sobald Sie Ihr Grundstück betreten oder verlassen wollen. Nur wenn im Vertrag explizit erwähnt wird, dass ein ungehinderter Zugang sichergestellt sein muss, können Sie diese Schikane unterbinden.

Überwegungs- und Leitungsrechte müssen auf den neuen Eigentümer übertragen werden. In der Regel formulieren Juristen diesen Übertrag wie folgt:

I. Grundbuchstand

1. A ist als Eigentümer des Grundstücks („**dienendes Grundstück**") Fl.Nr. 1234 der Gemarkung .... eingetragen ... .

2. B ist als Eigentümer des Grundstücks („**herrschendes Grundstück**") Fl.Nr. 1341 eingetragen ... .

II. Grunddienstbarkeit

1. Rechtsinhalt

A räumt dem jeweiligen Eigentümer des herrschenden Grundstücks folgende Benutzungsrechte am dienenden Grundstück ein:

- das Geh- und Fahrtrecht,

- das Recht, beliebige Ver- und Entsorgungsleitungen (insbesondere Strom, Gas, Wasser, Telekommunikation) in das dienende Grundstück einzulegen.

Der jeweilige Eigentümer des dienenden ist gegenüber dem jeweiligen Eigentümer des herrschenden Grundstücks außerdem verpflichtet, die Wegefläche sowie die Ver- und Entsorgungsleitungen dauernd zu dulden und alles zu unterlassen, was die Wegeflächen sowie die Ver- und Entsorgungsleitungen beeinträchtigen könnte.

Die Rechte dürfen nur ausgeübt werden, solange und soweit dies für die Benützung des herrschenden Grundstücks zu Wohnzwecken (Ein- oder Zweifamilienhaus) von Vorteil ist.

Der Eigentümer des dienenden Grundstücks ist /ist nicht *(nicht Zutreffendes bitte streichen)* berechtigt, die Wegefläche bzw. Ver- und Entsorgungsleitungen mitzubenützen.

2. Ausübungsbereich

Die Rechte dürfen nur an dem Teil des dienenden Grundstücks ausgeübt werden, der in dem der Urkunde beigehefteten Lageplan gelb umrandet ist (**„Ausübungsbereich"**). Auf den Lageplan wird verwiesen.

Zum Zwecke der Instandhaltung, Instandsetzung und Erneuerung der Wegefläche bzw. Ver- und Entsorgungsleitungen ist jedoch auch das Betreten der übrigen Fläche des dienenden Grundstücks zu gestatten und die Durchführung der erforderlichen Arbeiten zu ermöglichen.

3. Unterhaltspflichten

Die Kosten für die Instandhaltung und -setzung der Wegefläche sowie der Ver- und Entsorgungsleitungen und die Verkehrssicherungspflicht hat der Eigentümer des herrschenden/dienenden Grundstücks allein/haben die Eigentümer des herrschenden und des dienenden Grundstücks je zur Hälfte *(nicht Zutreffendes bitte streichen)* zu tragen. Bei rechtmäßiger Ausübung der Dienstbarkeit entstehende unvermeidbare Schäden hat der Eigentümer des herrschenden Grundstücks zu ersetzen und notfalls in Geld zu entschädigen.

4. Verjährung

Soweit Ansprüche aus dieser Dienstbarkeit der Verjährung unterliegen, soll hierfür eine Frist von dreißig Jahren ab dem gesetzlichen Verjährungsbeginn gelten.

III. Einigung/Grundbucherklärungen

1. Einigung

Die Vertragsteile sind darüber einig, dass die vorstehenden Bestimmungen durch eine Grunddienstbarkeit am dienenden Grundstück zugunsten des jeweiligen Eigentümers des herrschenden Grundstücks gesichert werden sollen.

2. Grundbucherklärungen

A bewilligt, B beantragt die Eintragung der vorstehenden Grunddienstbarkeit in das Grundbuch des dienenden Grundstücks.

Die Dienstbarkeit soll an erster Rangstelle in Abteilung II des Grundbuchs eingetragen werden.

Die Grunddienstbarkeit soll beim herrschenden Grundstück vermerkt werden.

IV. Vollstreckungsunterwerfung

A unterwirft sich als Eigentümer des dienenden Grundstücks gegenüber dem derzeitigen Eigentümer des herrschenden Grundstücks hinsichtlich der Benutzungsrechte/und Duldungspflichten *(nicht Zutreffendes bitte streichen)* der sofortigen Zwangsvollstreckung aus dieser Urkunde. Der Notar ist berechtigt, ohne weitere Nachweise jederzeit vollstreckbare Ausfertigung zu erteilen.

V. Schuldrechtliche Vereinbarungen

Für die Bestellung der Grunddienstbarkeit hat einen einmaligen Geldbetrag i.H.v. ... € zu zahlen. Der Betrag ist zur Zahlung fällig, wenn ... und bis dahin nicht/mit ... *(nicht Zutreffendes bitte streichen)* zu verzinsen.

VI. Vollzugsvollmacht

Die Vertragsteile bevollmächtigen unter Befreiung von § 181 BGB den Notar, für sie alle Handlungen vorzunehmen, die zur Durchführung des Rechtsgeschäftes erforderlich oder zweckdienlich sind.

VII. Schlussbestimmungen

Die Kosten dieser Urkunde und ihres Grundbuchvollzugs trägt B.

Von dieser Urkunde erhalten **Ausfertigungen**

- die Vertragsteile,
- das Grundbuchamt ....

Sie sehen, diese Nebenbedingungen haben es in sich. Wohl dem, der vorher fragt und nachher nicht bereut. Zusatzverträge über Wege- und Leitungsrechte sind wie ein Kfz-Brief mit mehreren Vorbesitzern. Jeder, der schon einmal ein gebrauchtes Auto gekauft hat, fühlt sich wohler, je weniger Menschen dieses Auto ihr Eigen nannten. Bei gleichen Voraussetzungen verkauft sich ein Auto aus 1. Hand leichter und besser als eines aus 4. Hand. Ein ähnliches Gefühl entwickeln Kaufinteressenten einer Immobilie. Je mehr Rechte und Pflichten auf einer Immobilie lasten, desto größer werden die Vorbehalte. Deshalb sind Sie als Verkäufer gefordert. Gute Vorbereitung auf die Verkaufsgespräche und aussagekräftige Unterlagen nehmen jedem Käufer die Angst.

In der 2. Abteilung eines Grundbuches könnte auch ein Vorkaufsrecht eingetragen sein. Bevor Sie als Verkäufer das Objekt zum Verkauf anbieten, fragen Sie zunächst den Rechteinhaber, ob er von seinem Recht, dieses Haus kaufen zu dürfen, Gebrauch machen möchte. Verzichtet er darauf, sollte dieses Recht aus dem Grundbuch gelöscht werden, um den Verkaufsprozess nicht zu gefährden.

Alles, was Sie im Vorfeld klären und „bereinigen" können, verdient Ihre ungeteilte Aufmerksamkeit. Räumen Sie offensichtliche Stolpersteine aus dem Weg. Je weniger Steine, desto schneller winken Scheine in Form eines bezahlten Kaufpreises.

Sie erhöhen die Verkaufschancen Ihrer Immobilie enorm, je weniger Rechte auf Ihrem Grundstück lasten. Prüfen Sie daher, ob eingetragene Rechte und Grunddienstbarkeiten gelöscht werden können. So finden sich in vielen Grundbüchern noch alte Rechte der Deutschen Bundespost (heute Telekom), Telefonverteilerkästen aufbauen zu können. Durch die neue Technik wird das nicht mehr notwendig sein.

5. Dritte Abteilung

Hier finden Sie die Eintragung der Grundpfandrechte. Ihre kreditgebende Bank kann hier eine Hypothek oder eine Grundschuld eingetragen haben. Im Folgenden möchte ich kurz auf die Unterschiede eingehen, weil es für die Kaufabwicklung von Bedeutung ist.

Grundschuld

Die Grundschuld ist ein Grundpfandrecht, das nicht das Bestehen einer Forderung voraussetzt. So besteht bei einem Kredit, der durch eine Grundschuld abgesichert wird, zwischen diesem Kredit und der Grundschuld zwar ein wirtschaftlicher, aber kein rechtlicher Zusammenhang. Mit anderen Worten: Sie können für eine Bank eine Grundschuld bestellen, auch wenn Sie gar kein Darlehen benötigen. Somit kann es vorkommen, dass noch immer eine Grundschuld auf Ihrer Immobilie lastet, obwohl der Kredit bereits getilgt ist. In diesem Fall sollten Sie den Grundschuldinhaber um eine Löschungsbewilligung bitten. Auch wenn eine eingetragene Grundschuld kein Verkaufshindernis darstellt, so ist es „gefühlsmäßig" besser, möglichst wenige davon im Grundbuch stehen zu haben.

Hypothek

Bei einer Hypothek liegen die Dinge etwas anders. Eine Hypothek ist ein Recht eines Gläubigers, aus dem belasteten Grundstück eine Summe zur Befriedigung seiner Forderung zu verlangen (BGB § 1118). Sie wird ins Grundbuch eingetragen. Die Hypothek entsteht nur aufgrund einer Forderung und erlischt mit der Rückführung der Forderung. Die Haftung ist dinglich, also durch ein Grundstück, und persönlich, also durch die Person des Darlehensnehmers. Sie sehen, hier muss Ihnen der Gläubiger das Geld auch ausgezahlt haben, damit Sie ihm die Hypothek als Sicherheit übertragen können.

In der Praxis werden Hypotheken immer häufiger durch Grundschulden ersetzt. Doch aufgepasst! Die Hypothek ist abhängig vom Bestand der ihr zugrundeliegenden Forderung. Ist die Hälfte des Darlehens zurückgezahlt, ist die Hypothek auch nur noch die Hälfte wert. Die andere Hälfte gehört dem Grundstückseigentümer. Ist das Darlehen ganz getilgt, besteht auch die Hypothek nicht mehr und sollte gelöscht werden. Die Grundschuld dagegen ist unabhängig vom Bestand oder der Höhe der durch sie gesicherten Forderung.

Auch nach vollständiger Rückzahlung des Darlehens steht die Grundschuld in voller Höhe. Sie kann jederzeit als Sicherheit für ein weiteres Darlehen eingesetzt werden. Darüber hinaus genießt der Kreditgeber einen weiteren Vorteil: Die Grundschuld kann mit einem hohen Rahmenzins (üblich sind 15 oder 18 Prozent) versehen werden. Zwar ist für das Verhältnis zum Schuldner der vereinbarte niedrige Darlehenszins maßgeblich, aber bei einer Änderung des Darlehenszinses nach Ablauf der Zinsbindungsfrist braucht der im Grundbuch genannte Zins nicht extra geändert zu werden. Dies ist nur mit unnötigen Kosten verbunden. Auch bei einem Verzug des Schuldners bleiben selbst erhebliche Zinsrückstände noch durch die Grundschuld gesichert.

Und hier genau liegt der bedeutsame Unterschied zwischen den beiden Grundpfandrechten: Wenn die Grundschuld noch fortbesteht, obwohl das Darlehen, das sie sichert, längst zurückgezahlt ist, kann der Kreditgeber sie auch als Sicherheit für Forderungen verwenden, die mit dem ursprünglichen Kredit nichts mehr zu tun haben. Es kommt also entscheidend darauf an, was Kreditgeber und Eigentümer als Sicherungszweck der Grundschuld vereinbaren, um mögliche Gefahren von vornherein auszuschließen.

Rentenschulden

Rentenschulden sind eine besondere Art der Grundschuld, geregelt in den §§ 1199 ff. des BGB. Rentenschulden räumen dem Gläubiger das Recht auf regelmäßig wiederkehrende Geldleistungen ein. Wie bei einer Grundschuld ist eine bestimmte Geldsumme aus dem Grundstück zu zahlen, jedoch nicht als Kapital auf einmal, sondern als Rente „in regelmäßig wiederkehrenden Terminen".

Tod eines Eigentümers

Alle Personen, die in der 1. Abteilung des Grundbuches als Eigentümer eingetragen sind, müssen dem Verkauf zustimmen. Ehepaare, die als gemeinschaftliche Eigentümer eingetragen sind, unterschreiben gemeinsam den Kaufvertrag. Ist eine Person aus dieser Gemeinschaft bereits verstorben, wird sie nicht automatisch aus dem Grundbuch gelöscht. Das geschieht nur auf Antrag und auch nur dann, wenn die Erbschaft eindeutig geregelt ist. Vorausschauende Verkäufer sorgen im Vorfeld dafür, dass keine Verstorbenen eingetragen sind. So sorgen sie für Rechtsklarheit, um den Verkaufsprozess nicht zu gefährden.

Nacherbenvermerk

Erblasser können in einem Testament ein Vor- und Nacherbe festlegen. Eine nicht immer leicht verständliche Konstellation, und gerade beim Hausverkauf alles andere als förderlich. Ein Vorerbe tritt ein Erbe an, ist aber in seinen Rechten als Erbe eingeschränkt. Vereinfacht ausgedrückt ist der Vorerbe einer Immobilie so etwas wie ein Verwalter. Diese Form der Erbschaft wird dann gewählt, wenn dem Erblasser daran gelegen ist, seinen Nachlass nach seinem Ableben in die weite Zukunft gerichtet zu ordnen. Die gesetzliche Regelung gibt dem Vorerben auf, das Ererbte zu seinen Lebzeiten nicht zu verkaufen, zu belasten oder zu verschenken. In Sachen Hausverkauf sind somit einem Vorerben die Hände gebunden, aber nicht, wenn der Vorerbe befreit wurde. In diesem Fall spricht der Gesetzgeber vom *befreiten Vorerben*. Der wird nur mit dem Verbot belastet, das ererbte Vermögen zu verschenken. Ein „befreiter Vorerbe" darf somit ein ererbtes Haus verkaufen.

Der Anspruch auf Nacherbschaft wird für gewöhnlich ins Grundbuch eingetragen, damit sichergestellt ist, dass ein Vorerbe das Ererbte nicht „verjubelt". Käufer einer solchen Immobilie kommen nur dann zum Zug, wenn der Verkäufer ein befreiter Erbe ist oder aber ein unbefreiter Vorerbe, bei dem die Nacherbschaft ausgelaufen ist. Der Gesetzgeber hat die Nacherbschaft zeitlich auf 30 Jahre begrenzt. Die Einsetzung eines Nacherben ist somit unwirksam, wenn seit dem Erbfall 30 Jahre verstrichen sind, ohne dass der Nacherbfall eingetreten ist.

Verkauft ein Vorerbe eine zum Nachlass gehörende Immobilie nebst Grundstück, so kann der Nacherbe die Auflösung des Kaufvertrages fordern, wenn ein Nacherbenvermerk im Grundbuch eingetragen war.

Während der Vorerbe zunächst einmal das Erbe antritt, erhalten die Nacherben die Erbschaft tatsächlich. Ein Beispiel: Der verstorbene Ehemann setzt seine Ehefrau als Vorerbin ein. Die Kinder werden dann Nacherben, sie beerben somit den erstverstorbenen Ehemann als auch die nachverstorbene Ehefrau. Streng genommen haben wir es hier mit zwei Erbfällen zu tun.

Ein Vorerbe ist grundsätzlich berechtigt, über die zur Erbschaft gehörenden Gegenstände zu verfügen. Ohne die Zustimmung des Nacherben darf er allerdings Grundstücke nicht veräußern oder belasten. Auch das Verschenken der ererbten Grundstücke und Immobilien ist nicht möglich.

3.2.3 Sonstige Pläne

3.2.3.1 Katasterplan

„Das Misstrauen ist die Mutter der Sicherheit."

Jean de La Fontaine

Neben dem Bauamt und dem Grundbuchamt gibt es eine dritte Behörde, die sich von Amtwegen um Immobilien-Liegenschaften kümmert, und zwar das Katasteramt. Das Amt führt ein Verzeichnis von Grundstücken nach Kulturarten, Bodengüteklassen, Parzellen (Parzellarkataster) und Gutseinheiten (Gutskataster). Es dient zusammen mit den großmaßstäblichen Katasterplänen und Katasterkarten (Gemarkungskarten, Flurkarten; Maßstab 1:500 bis 1:5000) zur Festsetzung der Grundsteuer (Grundkataster) oder zur Immobilienversicherung (Brandkataster).

Prüfen Sie bei dieser Gelegenheit, ob alle im Katasterplan eingezeichneten Gebäude baurechtlich genehmigt wurden. Das Katasteramt zeichnet alle stehenden Gebäude in den Katasterplan ein. Es prüft nicht, ob diese auch genehmigt wurden. Käufer erleben hier nicht selten eine Überraschung, wenn sie nach dem Kauf eine Mitteilung der Baubehörde erhalten, sich bei selbiger einzufinden. Von jedem Kaufvertrag erhält das Bauamt eine Kopie, sodass stichprobenartig nachgeschaut wird, ob alles seine Richtigkeit hat. Dabei stellen die Verantwortlichen schon mal fest, dass einige der im Katasterplan eingezeichneten Gebäude ohne Baugenehmigung errichtet wurden. Für diesen Fall muss der Käufer, nicht der Verkäufer, einen neuen Bauantrag mit allen erforderlichen Unterlagen (einschließlich Architektur und Statikberechnung) einreichen. Das kostet nicht nur viel Geld, sondern beinhaltet auch das Risiko, dass die bereits erstellten Gebäude (z. B. Wintergarten, Carport, Remise, Blockhaus etc.) abgerissen werden müssen, weil sie nicht den gesetzlichen Anforderungen genügen. Das kann besonders dann ins Geld gehen, wenn z. B. ein Carport mit asbestverseuchten Faserzementplatten (besser bekannt als Eternit-Platten) entsorgt werden muss. Es handelt sich hier um Sondermüll, dessen Verarbeitung und damit auch der Abbruch nur von zugelassenen Firmen durchgeführt werden darf. Damit Sie als Verkäufer hierfür nicht in die Pflicht genommen werden können, sollten Sie in jedem Fall für alle nachträglich errichteten Bauten eine Baugenehmigung vorlegen.

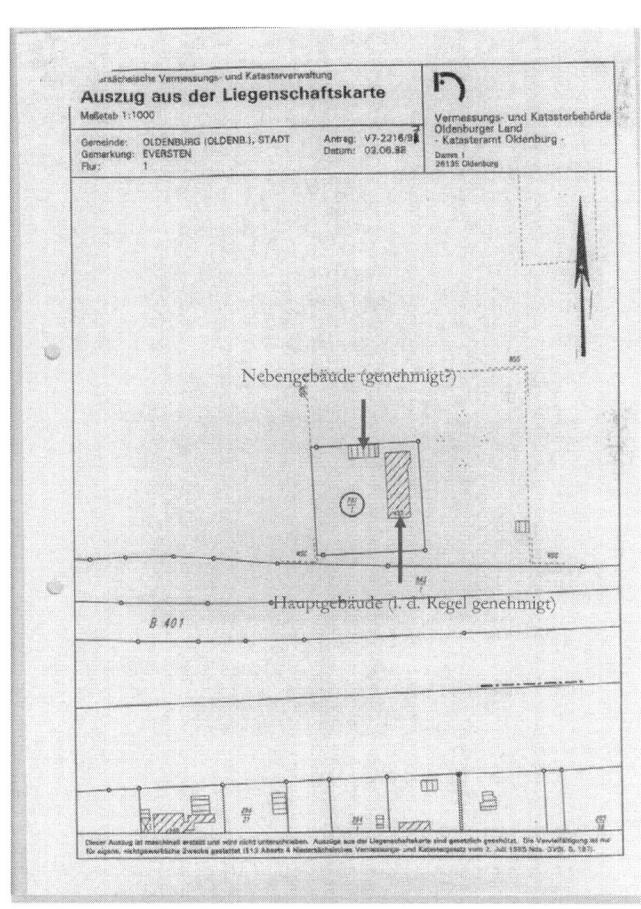

3.2.3.2 Baulastenverzeichnis

Neben den Belastungen eines Grundstückes, die in die 2. Abteilung des Grundbuches eingetragen werden, können Belastungen auch im Baulastenverzeichnis bestehen. Diese Belastungen basieren auf einem öffentlich-rechtlichen Verhältnis und müssen deshalb nicht zwingend im Grundbuch eingetragen werden. Am häufigsten trifft man Baulasten im Zuge von Grenzbebauungen oder grenznahen Bebauungen an. Hierbei wird beispielsweise dem Bauherrn gestattet, auf dem begünstigten Grundstück ein Gebäude zu errichten und dabei die vorgeschriebenen Grenzabstände nicht einzuhalten. Für das „belastete" Grundstück bedeutet dies, dass die Baugrenze entsprechend nach innen rückt. Das hat für den Käufer einer Gebrauchtimmobilie oft weitreichende Konsequenzen. Plant er nämlich einen Anbau oder eine Erweiterung, muss er den vorgeschriebenen Grenzabstand einhalten. Ist durch die eingetragene Baulast die Baugrenze jedoch erheblich in sein Grundstück gerückt, ist das Bauvorhaben im schlechtesten Fall nicht realisierbar, obwohl ein optisch ausreichender Abstand zur Grundstücksgrenze vorhanden ist. Es versteht sich von selbst, dass Sie als Verkäufer potenziellen Käufern einen Auszug aus dem Bauleistenverzeichnis vorlegen, damit später keine Missverständnisse aus dem Weg geräumt werden müssen. Sehen Sie hierzu auch meine Ausführungen in Kapitel 3.2.2 Grundbuch.

Wenn Sie ohnehin beim Bauamt vorstellig werden, dann können Sie sich gleich auch eine Bestätigung aushändigen lassen, dass keine Planungen seitens der Kommune vorliegen, von dem Ihr Grundstück betroffen wäre (z. B. Straßenausbau). Wäre dies der Fall, dann müssen Sie nach § 459 BGB den Käufer davon in Kenntnis setzen. Ansonsten machen Sie sich schadensersatzpflichtig.

3.2.3.3 Abwasserplan

Für gewöhnlich sind die meisten Häuser an ein öffentliches Abwassersystem angeschlossen. In diesem Fall befinden sich auf dem Grundstück zwei Hausanschlussschächte, und zwar ein Schacht für Abwasser und ein Schacht für Regenwasser.

In ländlichen Regionen mit weniger dichter Bebauung fließt das Abwasser in eine Kleinkläranlage, die sich direkt auf dem Grundstück befindet. Da ist es gut zu wissen, wo diese Anlage installiert wurde. Nicht nur, um ggf. Verunreinigungen und Verstopfungen schnell beseitigen zu können, sondern auch, um bei einem Überlaufen schnelle Abhilfe durch Abpumpen leisten zu können.

Dem Käufer einer Immobilie sollte ein Entwässerungsplan ausgehändigt werden, damit erkennbar ist, wie die Entwässerungsrohre für Abwasser (SW) und Regenwasser (RW) verlaufen. Bei dieser Gelegenheit können Sie so auch den Nachweis erbringen, dass zwei getrennte Rohrsysteme verlegt wurden. Somit läuft das Regenwasser nicht in die Kanalisation – das ist strafbar! In unregelmäßigen Abständen überprüfen die Kommunen, wer unerlaubt Regenwasser ins öffentliche Abwassernetz leitet. Dazu wird Wasserdampf durch die öffentlichen Abwasserrohre gesprüht. Im besten Fall steigt kein Dampf aus einem Dachrinnenfallrohr. Passiert es doch, ist das eindeutig der Nachweis, dass Regenwasser in die Kanalisation fließt. Es folgt der Bußgeldbescheid.

Erbringen Sie den Nachweis, dass sämtliche Erschließungskosten bezahlt sind. Insbesondere bei Neubauten erfolgt noch nach Jahren die endgültige Abrechnung durch die Kommunen. Unter Berücksichtigung Ihrer bereits gezahlten Leistungen wird dann der Restbetrag zur Zahlung fällig. Dieser Gebührenbescheid wird dem zugestellt, der im Grundbuch steht. Nach § 459 BGB kann der Käufer Sie in Regress nehmen, wenn Sie ihn über diesen Umstand nicht informiert haben.

Beispiel für ein verlegtes Rohr- und Leitungssystem:

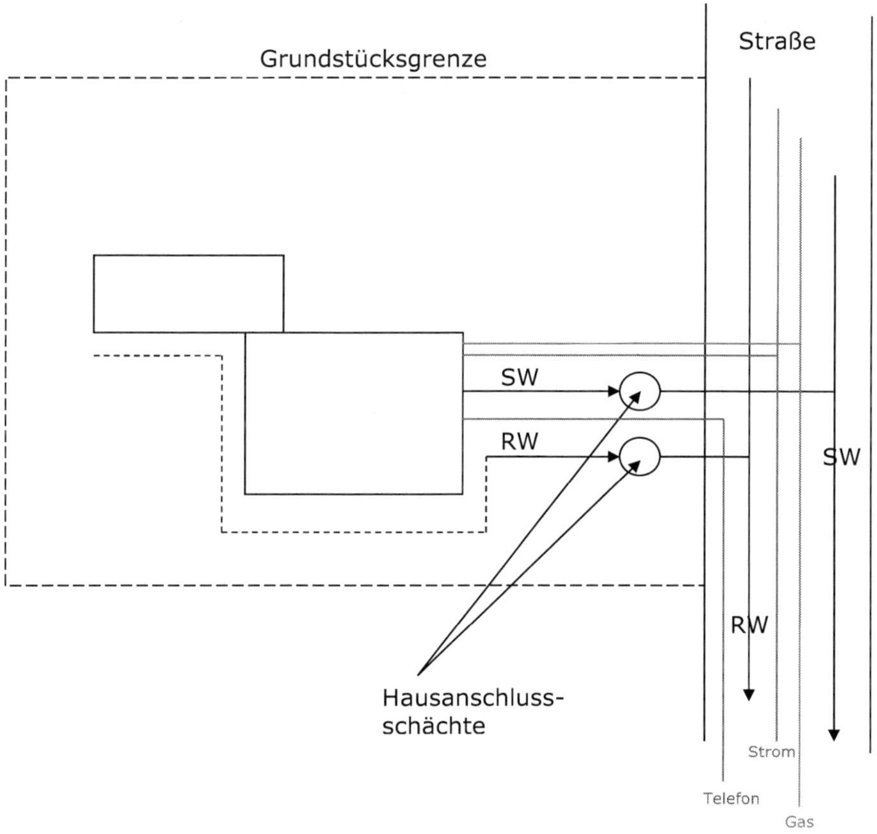

Grundstücksgrenze

Straße

SW

RW

SW

RW

Hausanschluss-
schächte

Strom

Telefon

Gas

Ein guter Elektriker wird auch einen E-Plan angefertigt haben, aus dem zu ersehen ist, welche Kabel (Strom- und High-Tech-Kabel) verlegt wurden und, vor allen Dingen, wo. Das erleichtert nicht nur das Auffinden bei Bedarf, sondern schützt auch vor Beschädigungen, die durch das Bohren in die Wand entstehen können.

3.2.4 Nachweis über Bewirtschaftungskosten

„Kürze sollte niemals auf Kosten der Genauigkeit gehen."

Charles M. de Talleyrand

Eine der wichtigsten Fragen, die ein potenzieller Käufer einem Autoverkäufer stellt, ist die Frage nach dem Benzinverbrauch. Was nützt das beste Auto, wenn dieser deutlich über dem Durchschnitt liegt? Damit der Weg zur Tankstelle keine Schweißausbrüche verursacht, achten potenzielle Autobesitzer nicht nur auf Form, Farbe und Modell, sondern auch auf die Verbrauchskosten. Ähnlich verhält sich der heutige Immobilienkäufer. Er möchte ein preiswertes Haus, also ein Haus, das zum einen seinen Preis wert ist und zum anderen keine exorbitant hohen Energiekosten verursacht. Je höher diese Kosten, desto weniger Interessierte gibt es für die Immobilie. Weil davon auszugehen ist, dass die Energiepreise dauerhaft und endlos steigen werden, suchen potenzielle Hausbesitzer nach Immobilien mit einer guten Energiebilanz.

Der kluge Verkäufer wartet nicht, bis der Käufer ihm die Frage nach dem Energieverbrauch stellt. Deshalb hat er alle Verbrauchsdaten zusammengetragen und in einer Tabelle fein säuberlich präsentiert.

Bewirtschaftungskosten

	Jahr	Jahr	Jahr
Heizungskosten			
Wasser/Abwasser			
Stromkosten			
Grundsteuer			
Müllabfuhr			
Straßenreinigung			
Feuerversicherung			
Wohngebäudeversicherung			
Schornsteinfeger			
Wasserverband			
Oberflächenentwässerung			
Kosten für Instandhaltung			
Hausgeld (Eigentumswohnungen)			
Regionale Besonderheiten			
Sonstiges			
Sonstiges			
Gesamtkosten pro Jahr			
Kosten pro Monat (Jahreskosten : 12)			

Es empfiehlt sich, dieser obigen Auflistung die Abrechnungen der letzten drei Jahre in Kopie beizulegen. Auch sollten Sie die Rechnungen für jede Handwerker-Dienstleistung parat haben. Je nach Gewerk können Garantieleistungen bis zu fünf Jahre nach Erbringung der Handwerkerdienstleistung eingefordert werden. Dieses Recht geht nicht automatisch mit dem Verkauf einer Immobilie auf den neuen Eigentümer über. Es muss explizit im Kaufvertrag erwähnt und übertragen werden. Ansonsten erlischt der Anspruch mit Übergabe des Objektes. Ein Pluspunkt für den Käufer, der sich im Falle eines erneuten Defektes auf das Gesetz berufen kann.

Überdies können Sie mit den Rechnungskopien den Nachweis erbringen, erforderliche Reparaturen und Instandhaltungen nicht auf die lange Bank geschoben, sondern tatsächlich auch durchgeführt zu haben, um die Substanz der Immobilie zu keiner Zeit zu gefährden.

Darüber hinaus empfiehlt es sich, die Verbrauchsdaten näher aufzulisten:

	Jahr:_____			Jahr:_____			Jahr:_____		
	Strom kW/h	Gas/Öl m³/l	Wasser m³	Strom kW/h	Gas/Öl m³/l	Wasser m³	Strom kW/h	Gas/Öl m³/l	Wasser m³
Lieferant									
Lieferant									
Lieferant									
Lieferant									

Diese Daten zu erheben ist für Sie als Eigentümer einer Wohnung, die Sie selbst bewohnen, kein Problem. Etwas schwieriger wird es, wenn Sie als Vermieter eine vermietete Wohnung verkaufen möchten und der Mieter direkt mit den Energieversorgern abrechnet. Das ist bei Doppelhaushälften oder freistehenden Häusern häufig der Fall. Bei Eigentumswohnungen obliegt die Abrechnung dem Verwalter. Interessierte Käufer, die eine vermietete Wohnung nach Kauf selbst beziehen wollen, möchten im Vorfeld schon wissen, wie es um die Verbrauchskosten bestellt ist. In diesem Fall benötigen Sie die Mitarbeit Ihres Mieters. Auch wenn er gesetzlich dazu nicht verpflichtet ist, sollten Sie ihn um Rechnungskopien bitten. Spätestens hier zahlt es sich aus, ein gutes Verhältnis zu seinen Mietern zu haben.

Bei dieser Gelegenheit sollten Sie Ihren Mieter auch auf sein Vorkaufsrecht hinweisen. Verzichtet er darauf, bitten Sie ihn um eine schriftliche Erklärung, die im juristischen Sinne ohne Bedeutung, aber für bevorstehende Kaufverhandlungen von größter Wichtigkeit ist. Mit dieser Erklärung zeigen Sie potenziellen Käufern, dass eine zügige Vertragsabwicklung gewährleistet ist und nicht am Votum von Dritten scheitert. Natürlich kann der Mieter später seine Erklärung widerrufen, doch geschieht dieses in der Praxis fast nie. In meiner langjährigen Laufbahn als Makler ist mir ein solcher Fall noch nicht untergekommen. Zum Vorkaufsrecht heißt es im Bürgerlichen Gesetzbuch (BGB) § 570:

> *(1) Werden vermietete Wohnräume, an denen nach der Überlassung an den Mieter Wohnungseigentum begründet worden ist oder begründet werden soll, an einen Dritten verkauft, so ist der Mieter zum Vorkauf berechtigt. Dies gilt nicht, wenn der Vermieter die Wohnräume an eine zu seinem Hausstand gehörende Person oder an einen Familienangehörigen verkauft. (2) Die Mitteilung des Verkäufers oder des Dritten über den Inhalt des Kaufvertrages ist mit einer Unterrichtung des Mieters über sein Vorkaufsrecht zu verbinden. (3) Stirbt der Mieter, so geht das Vorkaufsrecht auf denjenigen über, der das Mietverhältnis nach § 569 a Abs. 1 oder 2 fortsetzt. (4) Eine zum Nachteil des Mieters abweichende Vereinbarung ist unwirksam.*

Die Voraberklärung des Mieters ist, wie schon erwähnt, juristisch ohne Bedeutung. Formal und damit rechtlich bindend wird die Erklärung des Mieters erst durch Aufforderung des Notars. Nach Beurkundung des Kaufvertrages informiert der Notar Ihren Mieter über den Verkauf der von ihm bewohnten Immobilie. Ihr Mieter hat jetzt die Gelegenheit, quasi in diesen Kaufvertrag einzusteigen. Dazu muss er ihn eins zu eins übernehmen. So in etwa ist das Vorkaufsrecht zu verstehen. Verzichtet er auf diese Möglichkeit, steht der Vertragsabwicklung nichts mehr im Wege.

 *In § 570 heißt es auch, dass der Verkauf einer Immobilie bestehende Miet- und Pachtverhältnisse nicht automatisch auflöst. Der Käufer einer Immobilie tritt in diesen Vertrag ein. Will er die Mietwohnung selbst beziehen, muss er dem Mieter kündigen und sich dabei an geltendes Recht halten.*

Apropos Energie

Die vorgenannten Verbrauchsdaten haben für sich allein genommen keine Aussagekraft, wenn es um die Einordnung der Energieeffizienz eines Gebäudes geht. Der Verbrauch wird letztlich durch die im Haus lebenden Menschen verursacht und ist damit alles andere als verbindlich. Neigt der Eigentümer zu leichtem Frieren, wird er wohl eher und öfter die Heizung aufdrehen als jemand, der mit deutlich weniger Wärme auskommt. Somit führt mehr Wärme zu höheren Energiekosten und vice versa weniger Wärme zu geringeren Verbrauchskosten. Überdies gibt es Eigentümer, die durchaus über ihre Verhältnisse leben und einfach nicht darauf achten, die Energiekosten in Schach zu halten. Andere sparen sich nicht nur die Butter vom Brot, sondern sitzen überdies lieber in nicht ausreichend geheizten Räumen, um Geld zu sparen. Insofern ist jede Energieaussage zu einer Immobilie subjektiv. Das war auch einer der Gründe, warum der Gesetzgeber einen Energieausweis einführte. Seit dem 1. Juli 2009 benötigen alle Gebäude, die neu vermietet oder verkauft werden, diesen Ausweis[2]. Er muss einem Käufer vorgelegt werden, es besteht aber keine Pflicht, ihn auszuhändigen oder zu überlassen. Wer keinen oder einen nicht vollständigen Energieausweis vorlegt, kann nach §27 der Energieeinsparverordnung (EnEV 2009) mit einem Bußgeld von bis zu 15.000 EUR belegt werden.

Wird der Energieausweis auf Verlangen nicht vorgelegt, ist das eine Ordnungswidrigkeit, die mit einer Geldbuße geahndet werden kann. Verkäufer sollten deshalb im Besitz eines solchen Ausweises sein.

---

[2] Wohngebäude, die weniger als 5 Wohnungen (1 bis 4 Wohnungen) besitzen und für die der Bauantrag vor dem 1. November 1977 gestellt wurde, benötigen bei Vermietung oder Verkauf den Bedarfsausweis. Bei Wohngebäuden, die dem Anforderungsniveau der Wärmeschutzverordnung vom 11. August 1977 entsprechen oder bei denen der Bauantrag nach dem 1. November 1977 gestellt wurde, besteht Wahlfreiheit zwischen dem Verbrauchsausweis oder dem Bedarfsausweis. Für Nichtwohngebäude besteht ebenfalls Wahlfreiheit zwischen dem Verbrauchsausweis oder dem Bedarfsausweis.

Der Energieausweis unterliegt der deutschen Energieeinsparverordnung (EnEV), kann aber durchaus verschiedene Namen haben: Energiepass, Gebäudeenergiepass, Gebäudeenergieausweis, bedarfsabhängiger Energieausweis, verbrauchsabhängiger Energieausweis oder auch verbrauchsorientierter Energieausweis, um nur einige der vielfältigen Bezeichnungen zu nennen. In Sachen Namensfindung sind der Fantasie keine Grenzen gesetzt, ebensowenig wie bei der Auswahl des Ausstellers eines solchen Passes. Entgegen der üblichen Praxis stellt nicht zwingend eine Behörde diesen Ausweis aus, sondern Anbieter der privaten Wirtschaft, weshalb auch die Preise für die Erstellung eines solchen Ausweises schwanken. Es soll sogar Firmen geben, die für 9,90 Euro einen solchen Energiepass erstellen, wobei für einen Laien nicht erkennbar ist, wie seriös das Ganze ist – wobei ich klar unterstreichen möchte, dass ein günstiger Preis nicht per se verdächtig ist. Gleichwohl steht die Frage im Raum, wer in Anbetracht des Aufwandes in der Lage ist, zu diesen konkurrenzlosen Preisen einen Ausweis auszustellen.

Nun, mir kommen da einige in den Sinn, die die Legitimation haben, einen solchen Ausweis ausstellen zu dürfen. Ich will nur einige nennen:

- Heizungsbauer (kann evtl. später eine energiegerechtere Heizungsanlage verkaufen)
- Dachdecker (leben von neuer Dacheindeckung genauso wie von der Isolierung der Dachstühle)
- Maler (bietet Wärmedämmung über die Fassade an)
- Schreiner (Fenster mit Dreifach-Verglasung?)
- Schornsteinfeger (wird für Reinigungs- und Messarbeiten bezahlt = automatisierte Einnahmen)

Ein Schelm, der Böses dabei denkt, wenn der Heizungsbauer einen Energieausweis erstellt und so ganz nebenbei bemerkt, dass die alte Heizungsanlage bei Zeiten ausgewechselt werden müsste?

Wie gesagt, ich möchte hier niemandem zu nahe treten. Das Gros dieser Damen und Herren arbeitet korrekt und ist über jeden Zweifel erhaben. Aber weil es auch schwarze Schafe gibt, wie in jeder Branche, sollte lieber einmal mehr hingeschaut werden als einmal zu wenig. Der Aufwand für die Erstellung eines Ausweises ist alles andere als ein Spaziergang. Beim bedarfsorientierten Energieausweis muss der Aussteller mittels eines Computerprogramms die Berechnungen durchführen. Dazu sind zunächst die kompletten Unterlagen durchzuarbeiten. Fehlen diese, muss sich der Sachverständige vor Ort ein Bild machen und ggf. alle Daten manuell erfassen. Eine sehr zeitintensive Arbeit. Wer schon einmal einen Handwerker im Stundenlohn bezahlen musste, weiß um die Kosten. Je nach Branche können hier schnell 60 Euro und mehr pro Stunde in Rechnung gestellt werden. Wie man unter solchen Umständen für 9,90 Euro einen Energieausweis erstellen will, ist mir schleierhaft.

Seriöser erscheinen mir hier die Energiepässe, die von unabhängigen Ingenieurbüros erstellt wurden. Das ist zwar teurer, aber m. E. verlässlicher (das sage ich als Privatperson und hege mitnichten den Verdacht, dass alles, was billiger angeboten wird, schlechter ist). Wer eine Immobilie für mehrere zehntausend Euro verkaufen und sich von Schadensersatzansprüchen frei halten möchte, sollte nicht am falschen Ende sparen. Erkundigen Sie sich vor Ort nach einem unabhängigen Ingenieurbüro, das Ihnen diesen Energiepass ausstellt (Honorare sind frei verhandelbar).

3.2.5 Versicherungsunterlagen

„Deine Sache wird gefährdet, wenn das Haus
deines Nachbarn brennt."

Horaz

Solange Sie als Eigentümer im Grundbuch stehen, sind Sie für die Wohngebäudeversicherung verantwortlich. Diese Versicherung geht erst nach dem Grundbucheintrag auf den neuen Eigentümer über. Bis zur Umschreibung müssen Sie also auch die Beiträge zahlen (Urteil des Oberlandesgerichts Thüringen (4U 574/06)). Dieses gilt auch dann, wenn im Kaufvertrag vereinbart wurde, dass Nutzen, Lasten und Gefahren der Immobilie mit dem Tag der Vertragsunterzeichnung auf den Käufer übergehen. Aus diesem Grund übergeben Sie dem Käufer eine Kopie der Versicherungspolice und einen Nachweis über die von Ihnen geleistete Zahlung. Damit dokumentieren Sie, dass Sie Ihrer Verantwortung nachgekommen sind und Rechtssicherheit schaffen. Denn ein Versicherungsunternehmen ist nicht verpflichtet, dem Käufer einer Immobilie den aktuellen Versicherungsstatus zu melden (z. B. Versicherungsbetrag wurde trotz mehrfacher Mahnung nicht gezahlt). Nach Eintragungsumschreibung im Grundbuch übernimmt der Käufer die bestehende Versicherung. Durch ein einmaliges Kündigungsrecht kann er diese Versicherung innerhalb eines Monats nach Grundbucheintrag kündigen.

Grundsteuer

Ähnliches gilt für die Grundsteuer, die von den Kommunen erhoben wird. Es handelt sich hierbei um eine so genannte Substanzsteuer auf das Eigentum an Grundstücken und deren Bebauung (Grundsteuergesetz (GrStG)). Die Steuerschuldnerschaft geht nicht mit dem vertraglich festgelegten Übergabezeitpunkt der Immobilie auf den Käufer über. Der neue Eigentümer wird immer erst zum nächsten 1. Januar des auf den Eigentumsübergang folgenden Jahres Steuerschuldner (§§ 9, 17 GrStG). Deshalb muss für das Jahr des Verkaufes die Grundsteuer von Ihnen als Verkäufer entrichtet werden. Sie können selbstverständlich im Kaufvertrag eine anteilige Kostenübernahme durch den Käufer vereinbaren.

Als Verkäufer haften Sie nach § 5KostO gesamtschuldnerisch für Kosten und Steuern, die durch die Beurkundung entstehen. Aus diesem Grund müssen Sie sich über die Bonität des Käufers im Klaren sein, damit Sie am Ende nicht auf unbezahlten Rechnungen sitzenbleiben.

Gemäß § 11 Abs. 2 GrStG haftet nach Eigentumsübertragung der Immobilie auch der Käufer für die Steuerschuld, und zwar für das laufende und für das der Veräußerung vorausgehende Jahr. Somit kann sich das Finanzamt aussuchen, ob es Sie als Verkäufer oder den Käufer in die Zahlungspflicht nimmt.

3.2.6 Teilungserklärung bei Eigentumswohnung

„Das Wichtigste bedenkt man nie genug."

Goethe

Die Eigentumswohnung stellt ein so genannte s Sondereigentum innerhalb eines Mehrfamilienhauses dar. Nur die als Sondereigentum ausgewiesene Wohnung „gehört" dem Eigentümer, der Rest des Hauses ist Gemeinschaftseigentum, über das der Einzelne nicht allein verfügen kann. Die Abgeschlossenheitsbescheinigung weist eine Wohnung als Eigentumswohnung aus, wobei es hierbei keine Rolle spielt, ob die Wohnung selbst genutzt oder vermietet wird. Die einzelnen Wohnungen werden durch eine Teilungserklärung bestimmt (§ 8 WEG). In ihr wird dokumentiert, welche Einheiten Wohnungen sind, welche Räume nicht Wohnzwecken dienen (Teileigentum) und welcher Zweckbestimmung die Gesamtanlage dient (Gemeinschaftseigentum). Auch Sondernutzungsrechte einzelner Eigentümer, zum Beispiel an der Terrasse, können hier festgelegt werden, wenngleich das Eigentum bei der Gemeinschaft der Eigentümer verbleibt. Die einzelnen Wohnungen sind als Sondereigentum in Form einzelner Blätter im Wohnungsgrundbuch, das Grundstück des Gesamtobjektes im Grundbuch vermerkt.

Eine der Pflichten des Wohneigentümers ist die Zahlung des Hausgeldes an den Verwalter des Gemeinschaftseigentums, der daraus anfallende Kosten begleicht und Rücklagen bildet. Ein Wirtschaftsplan informiert die Eigentümer über die Zahlungsströme. In der Teilungserklärung ist geregelt, wie hoch der Anteil des Eigentümers am Gemeinschaftseigentum ist. Die sich daraus ergebende Quote ergibt somit seinen Kostenanteil. Diese Quote wird auch zugrunde gelegt, wenn außergewöhnliche Kosten anstehen, z. B. eine größere Reparatur oder Sanierung. Sollten keine ausreichenden Rücklagen getätigt worden sein, kommen auf die Eigentümer meist so genannte Sonderumlagen zu. Mindestens einmal im Jahr gibt es eine ordentliche Eigentümerversammlung, die der Verwalter des Objektes einberuft. Er erteilt Rechenschaft über das abgelaufene Jahr und gibt Pläne für das laufende Jahr bekannt, die von der Eigentümergemeinschaft abgesegnet werden müssen. Über diese Sitzung wird ein Protokoll geführt. Käufer einer Eigentumswohnung fragen nach diesem Eigentümerprotokoll, weil sie daraus ersehen können, ob größere Investitionen am Gemeinschaftseigentum geplant sind oder kurzfristig bevorstehen. In diesem Fall müssen sie als potenzielle Eigentümer dafür aufkommen. Aus Sicht der Käufer erhöht sich damit der Kaufpreis.

Für gewöhnlich zahlt der Käufer einer Eigentumswohnung das Hausgeld ab dem Zeitpunkt des Besitzübergangs. Als Verkäufer haften Sie dennoch für Hausgeldschulden des Käufers bis zum Zeitpunkt der Eigentümerumschreibung im Grundbuch. Wollen Sie eine andere Regelung, bedürfen Sie der Zustimmung aller Miteigentümer (und ob Sie diese erhalten, ist ob der Tragweite dieser Zustimmung mehr als fraglich). Überdies geht Ihr Guthaben aus dem Hausgeld entschädigungslos auf den Käufer über.

Stellen Sie sich vor, Sie leben in Ihrer Eigentumswohnung und kommen abends gestresst nach einem arbeitsreichen Tag nach Hause. Sie haben nur noch einen Gedanken: So schnell wie möglich in die Badewanne. Genau das wird nun zum Problem, weil Sie keinen Parkplatz finden, obwohl ein Stellplatz Bestandteil Ihrer Eigentumswohnung ist. Das mag stimmen, aber es gibt einen Unterschied. Nur wenn dieser Stellplatz Ihrer Eigentumswohnung direkt zugeordnet, also z. B. Stellplatz Nr. 1 gehört zur EG-Wohnung, haben Sie Anspruch auf einen freien Stellplatz, der nicht von anderen zugeparkt werden darf. Im anderen Fall gehört Ihnen zwar ein Stellplatz auf dem Grundstück, doch wenn dort Besucher die Plätze zugeparkt haben, sind Ihnen im juristischen Sinne die Hände gebunden. Achten Sie auf die genaue Formulierung in der Teilungserklärung, damit

Sie exakt das Ergebnis bekommen, welches Sie bei Kauf der Wohnung erwarten.

Ähnliche Zuordnungen ergeben sich für Kellerräume und Dachbodenflächen. Wir haben in Deutschland Vertragsfreiheit, deshalb können die Vorbesitzer Verträge vereinbaren, die nicht gegen geltendes Recht und gute Sitten verstoßen, aber ansonsten so schwammig formuliert sind, dass es keine klare Aussage gibt. Es macht einen Unterschied, ob der Dachboden Nr. 1 zu Ihrer Wohnung gehört oder ob Sie den Dachboden benutzen können. Dann müssen Sie sich die Gemeinschaftsfläche mit den anderen Eigentümern teilen und die Flächen nutzen, die sich aus dem gewohnheitsmäßigen Gebrauch ergeben. Anspruch auf eine „feste Ecke" auf dem Dachboden haben Sie indes nicht.

Achten Sie immer auf das Kleingedruckte in der Teilungserklärung. Was dort steht ist „Gesetz". So habe ich es auch schon erlebt, dass jemand eine Eigentumswohnung im Obergeschoss erwarb. Über ihm liegt der Dachboden, der von der Gemeinschaft genutzt wird. Das Problem: Der Zugang erfolgt über eine Klapptreppe, die sich ausgerechnet im Flur seiner Oberwohnung befindet. Mit anderen Worten: Wann immer die Wohnungseigentümer auf den Dachboden wollen, sind sie gezwungen, den Weg über die Treppe in seiner Wohnung zu nehmen. Ein durchaus nerviger Prozess, insbesondere dann, wenn man es sich gerade ein wenig gemütlich gemacht hat. Auch dürfte es nicht unbedingt angenehm sein, wenn in regelmäßigen Abständen die Hausfrau aus dem Erdgeschoss die Wäsche zum Trocknen aufhängen möchte.

Sie sehen an solchen Beispielen, wie gewissenhaft Sie die Teilungserklärung durchlesen müssen.

3.3 Unrealistische Preisvorstellungen

3.3 Fehler Nr. 3:
Unrealistische Preisvorstellungen

*„Heutzutage kennen die Leute von allem den
Preis und nicht den Wert."*

Oscar Wilde

3.3.1 Wertermittlung

Wenn ein Verkäufer sein Haus verkaufen will, hat er, wir haben es
bis hierher gelesen, zwei Möglichkeiten: Er versucht es selbst oder
aber er beauftragt einen Makler mit dem Verkauf seiner Immobilie.
Nehmen wir an, dieser Verkäufer hat zwar eine Preisvorstellung,
aber keine Ahnung, was den örtlichen Immobilienmarkt angeht. In
diesem Fall läuft er Gefahr, das Falsche zu tun. Es liegt in der Natur
des Menschen, dass dieser, getrieben von der Aussicht auf einen guten Verkaufsgewinn, den Makler beauftragen wird, der ihm den
höchstmöglichen Verkaufspreis in Aussicht stellt. Das ist leider sehr
häufig der Fall. Denn auch Makler stehen in einem harten Wettbewerb, weshalb sie es mit der Arbeit nicht immer so genau nehmen. Für sie ist nur wichtig, gute Objekte „an Land zu ziehen", um
diese schnellstmöglich zu verkaufen. Je schneller, desto eher fließt
die Provision. Weil aber die Provision prozentual vom erzielten Verkaufspreis berechnet wird, liegt es natürlich ebenfalls in der Natur
der Makler, möglichst hohe Verkaufspreise zu erzielen – auch dann,
wenn diese bar jeder Vernunft sein mögen. Im weiteren Verlauf dieses Buches erfahren Sie, wie Sie mit einem seriösen Makler bestmöglich zusammenarbeiten.

Ein Makler ist nicht schadensersatzpflichtig, wenn ein Käufer ein
Haus zu einem überhöhten Preis erwirbt. Das sagt das Koblenzer

Oberlandesgericht. Die Richter führten in ihrer Urteilsbegründung aus, dass es nicht Aufgabe des Maklers sei, dafür zu sorgen, dass der vereinbarte Kaufpreis angemessen oder marktgerecht sei. Daher könne er auch bei einem überhöhten Preis keine Pflichtverletzung begehen, für die er haften müsse (Az. 7U 232/99). Die Richter erklärten weiter, dass der Käufer allein dafür verantwortlich sei, wenn er eine Immobilie überteuert einkaufe. Denn der Preis für Grund und Boden müsse nicht zwangsläufig dem Verkehrswert entsprechen, sondern richte sich nach Angebot und Nachfrage. Zu welchem Preis und aus welchen Motiven ein Käufer ein Haus erwerben wolle, sei dem Makler meist nicht bekannt.

Mit einem realistischen Angebotspreis erreichen Sie am ehesten eine hohe Nachfrage innerhalb der Zielgruppe.

Dass die Makler natürlich das Recht auf ihrer Seite haben, verwundert kaum. Denn weder die Berufsbezeichnung des Maklers noch die eines Immobiliensachverständigen sind geschützte Bezeichnungen. Jeder deutsche Bürger, der einen korrekten Leumund nachweist, kann sich mit diesem Beruf selbstständig machen. Er benötigt hierzu eine gewerbliche Erlaubnis sowie eine spezielle Erlaubnis des Ordnungsamtes, welche für rund 2.000 Euro zu haben ist. Fachwissen ist Fehlanzeige – auf diesen einfachen Nenner lässt sich dieser Zustand reduzieren. Kein Wunder also, dass der Berufsstand des Maklers einen solch schlechten Stand hat. Das ist in anderen europäischen Ländern vollkommen anders. Hier genießt der ausgebildete Makler sehr hohes Ansehen. Abzocker haben hier keine Chance.

Naturbedingt geht es bei diesen Geschäften immer um sehr viel Geld, und da sind die Trittbrettfahrer nicht sehr weit. Anders ausgedrückt: Oft arbeiten Banken und Anbieter (ob Bauträger oder Makler) Hand in Hand, um sich einen Großteil des Immobilienkuchens zu sichern. Je größer die Summen, desto lockerer scheint der Umgang mit ihnen zu sein. Das ist der Eindruck, der sich einem Außenstehenden aufdrängt, so er sich die Verhältnisse in Deutschland einmal genauer anschaut. Beispiele gibt es hier – leider – zuhauf.

Bei vielen Wertermittlungssachverständigen, die wertabhängig bezahlt werden (siehe Tabelle weiter unten), sieht es auch nicht viel besser aus. Laut Stiftung Warentest arbeiten sie nicht selten nach der „Pi-mal-Daumen"-Methode. Sie erstellen oberflächliche Gutachten, die nur unzureichend begründet sind, und kassieren darüber hinaus überhöhte Honorare, so die sachliche Feststellung der Zeitschrift Finanztest[3]. Die Redakteure kamen zu diesem erschreckenden Urteil, nachdem sie sechs Sachverständige unabhängig voneinander dasselbe Einfamilienhaus im Berliner Nobelviertel Zehlendorf bewerten ließen. Die Kritik war berechtigt, denn die Sachverständigen kamen zu interessanten Ergebnissen:

1. Die Sachverständigen waren sich in der Bewertung uneinig (zum Beispiel Restnutzungsdauer von 12 bis 50 Jahren, Preisunterschiede von 85.596 bis 235.700 Euro, Marktanpassungen von minus 77.716 bis plus 56.929 Euro).
2. Die Gutachten enthielten viele Fehler.
3. Die meisten Sachverständigen gaben sich nur wenig Mühe, ihre Wertansätze einzeln und nachvollziehbar zu begründen.
4. Bis auf einen versuchten alle Sachverständigen mehr zu kassieren, als ihnen nach der HOAI real zustand.

Das eigentlich Verblüffende an diesem Ergebnis ist aber, dass trotz dieser gewaltigen Unterschiede alle Sachverständigen sich über den realen Preis nach der Methode „Pi mal Daumen" einig waren. Es ist in etwa so, als wenn sechs Menschen darüber sprechen, wie man am schnellsten von Hamburg nach München kommt, jeder dann seine Vorschläge unterbreitet und schließlich alle doch mit demselben Zug fahren. Bei den Sachverständigen begründet Stiftung Warentest diese Entwicklung mit deren Markterfahrung. Man glaubt, dass offenbar vieles mit dem Daumen gepeilt und zurechtgebogen wird, damit der ermittelte Wert am Ende nicht völlig realitätsfremd erscheint.

Dass Käufer, Verkäufer und Banken den Wert einer Immobilie verschieden sehen, liegt im entgegengesetzten Interesse. Der eine will gewinnbringend verkaufen, der andere günstig kaufen, und der Letzte im Bunde möchte die größtmögliche Sicherheit für das verliehene Geld. Deshalb hat dieselbe Immobilie oft „verschiedene" Preise.

So sieht der Verkäufer sein Haus:

So sieht der Gutachter das Haus:

So sieht der Kaufinteressent das Haus:

So sieht die Bank das Haus:

So sieht das Finanzamt das Haus:

„Viele Köche verderben den Brei" – das lehrt ein Sprichwort, weshalb sich niemand wundern sollte, warum ein und dieselbe Immobilie unterschiedliche Preise hat, je mehr *Betrachter* und damit Nutznießer es gibt. Gerade deshalb ist es so wichtig, den tatsächlichen Wert zu ermitteln. Auch wenn das nicht auf den Cent genau möglich ist, so ist aber jeder Versuch, hier zu einer realistischen Einschätzung zu kommen, höher zu bewerten, als sich den Interessen anderer bedingungslos auszuliefern.

Vermeiden Sie den größten Fehler bei der Preisermittlung, indem Sie sich nicht allein auf Ihr Urteilsvermögen verlassen. Zögern Sie nicht, auch andere nach ihrer ehrlichen Meinung zu befragen. Den richtigen Preis zu finden, heißt auch, ehrlich zu sich selbst zu sein. Ihre Immobilie hat gute wie schlechte Seiten. Nur wenn Sie beides berücksichtigen, erhalten Sie den „ehrlichen" Preis.

Der Verkauf einer Immobilie ist keine spontane Entscheidung. Das reift über Monate. Sobald Sie sich hierzu die ersten Gedanken machen, sollten Sie Ihre „Fühler" ausstrecken und sich Informationen über vergleichbare Objekte beschaffen. Versetzen Sie sich dazu auch in die Lage eines Käufers und überprüfen Sie einige Wochen vor dem Verkaufsstart Ihrer Immobilie ähnlich gelagerte Angebote. Beschaffen Sie sich ein Exposé, telefonieren Sie mit dem Anbieter und nehmen Sie an Besichtigungsterminen teil, soweit das problemlos möglich ist. Diese gesammelten Informationen tragen ebenfalls zu einer realistischen Preisfindung bei.

Bleiben Sie bei Ihren Preisvorstellungen realistisch. Seien Sie ehrlich zu sich selbst und versetzen Sie sich in die Situation des Käufers! Stellen Sie sich die Frage: Wäre ich bereit, den geforderten Preis zu bezahlen? Bedenken Sie, dass Sie nicht konkurrenzlos sind. Wenn Sie eine Gebrauchtimmobilie verkaufen, dann hat der Käufer keine fünfjährige Garantiezeit, die ihn quasi von sämtlichen Kosten freistellt. Bei einer Gebrauchtimmobilie kann er theoretisch schon morgen zur Kasse gebeten werden, weil altersbedingt Reparaturen anfallen.

Der Wert einer Immobilie wird durch zahlreiche Kriterien definiert. Hier die wichtigsten:

- Lage
- Grundstücksgröße
- Anteil der Gemeinschaftsflächen
- Wohnfläche
- Art der Immobilie
- Ausstattungsstandard
- Baujahr
- durchgeführte Renovierungen und Verbesserungen
- Angebot am Markt
- mitverkauftes Inventar

Eine zuverlässige Methode, den realistischen Preis einer Immobilie zu ermitteln, ist ein Gutachten, das durch einen ausgewiesenen Experten erstellt wird – wobei ausgewiesen nicht gleichzusetzen ist mit vereidigt, geprüft und IHK-zugelassen. Eine Prüfung ersetzt keine Markterfahrung, die es in diesem sensiblen Bereich unbedingt braucht.

Der Beruf des Gutachters ist gesetzlich nicht geschützt. Somit darf sich jeder in Deutschland Gutachter nennen, selbst dann, wenn er im übertriebenen Sinne gar keine Ahnung hat. Wenn Sie einen Gutachter beauftragen, dann lassen Sie sich zum einen seine Qualifizierung nachweisen und zum anderen fragen Sie nach Referenzen.

Nehmen wir an, Sie wollen den Preis selbst ermitteln und auf die Hilfe externer Experten verzichten. Dann können Sie im Internet nach Informationen suchen, die örtliche Tageszeitung heranziehen und Preise vergleichbarer Immobilien vergleichen. Sie können Makler aufsuchen und sich Angebote zeigen lassen. Kurzum: Es gibt viele Möglichkeiten, sich zu informieren. Doch damit haben Sie noch nicht den Preis für Ihre Immobilie festgelegt. Deshalb möchte ich Ihnen eine kleine Hilfe an die Hand geben, die es Ihnen ermöglicht, einen Preis zu ermitteln. Diese Berechnung kann nur als grober Richtwert angesehen werden und ersetzt keinesfalls das Gespräch mit einem Experten.

Nehmen wir dazu einmal an, es handelt sich hier um ein Objekt, welches 1993 gebaut wurde. Das frei stehende Einfamilienhaus steht auf einem 400 Quadratmeter großen (oder kleinen?) Grundstück in guter Lage. Die Grundstückspreise liegen in dieser Wohngegend bei ca. 250 Euro pro Quadratmeter (diesen Wert erhalten Sie telefonisch durch Rückfrage beim zuständigen Katasteramt). Das Objekt verfügt über einen umbauten Raum (m^3 oder cbm) von 460 Kubikmetern. Die Wohnfläche beträgt 120 Quadratmeter. Egal, ob Sie den Wert für einen Neu- oder Altbau ermitteln möchten – Sie rechnen zunächst immer nur mit den aktuellen Preisen. Bei Altbauten wird dann am Ende ein sogenannter Altersabschlag ermittelt. Um diesen Wert wird der zuvor ermittelte Neubaupreis reduziert, sodass sich daraus der Zeitwert für den Altbau ergibt.

Anmerkung: Die Angaben zu den Kubikmetern finden sich im Bauantrag. Falls nicht, gibt es eine Faustregel zur eigenen Berechnung: „Länge x Breite des Hauses x Höhe vom Kellerboden bis Dachunterkante; Dach: Länge x Breite x Höhe von der Dachunterkante bis Dachfirst geteilt durch zwei bei ausgebautem Dach oder geteilt durch sechs bei nicht ausgebautem Dach."

Sachwertberechnung

A. Grundstückswert
Grundstücksfläche x aktuellem Richtwert pro qm
$\quad$ 500 m² $\quad$ x $\quad$ 250 €/m² $\qquad\qquad\qquad\qquad$ 125.000 €

Abschlag/Zuschlag für z. B. ./. 10 % für Grundstücksgröße, -form, Ausrichtung,
Lage innerhalb der Richtwertzone, Erschließungszustand, bauliche Ausnutz-
barkeit, etc. $\qquad\qquad\qquad\qquad\qquad\qquad\qquad\qquad$ ./. $\quad$ 12.500 €
= Bodenwert $\qquad\qquad\qquad\qquad\qquad\qquad\qquad\qquad\qquad$ 112.500 €

B. Gebäudewert
Typbeschreibung aus den "Normalherstellungskosten" des Bundesministeriums
für Raumordnung, Bauwesen und Städtebau, z. B. Einfamilien-Wohnhäuser,
freistehend, Typ 1.21; Erdgeschoss, voll ausgebautes Dachgeschoss, nicht
unterkellert, Ausstattungsstandard: mittel, Baujahr, ggf. fiktiv: 1990;

- Brutto-Grundfläche (BGF): 270 m²
- Normalherstellungskosten 2000 (NHK 2000): 780 €/m²
- Regionalfaktor (F): 0,85
- örtliche NHK 2000 x RF = 780 €/m² x 0,85 = 663 €/m²
- Index am Wertermittlungsstichtag (2000 = 100) = 117,5
- örtliche NHK am Wertermittlungsstichtag
  =(örtliche NHK x Index): 663 €/m² x 117,5 = 780 €/m²
- Baunebenkosten (BNK): 12 %

Herstellungswert:
(BGF * örtliche NHK am Wertermittlungsstichtag * BNK)
270 m² x 780 x 1,12 $\qquad\qquad\qquad\qquad\qquad\qquad$ 235.872 €
./. Wertminderung wegen Alters (linear); Gesamtnutzungsdauer: 80 Jahre;
$\quad$ wirtschaftliche Restnutzungsdauer: 60 Jahre = Herstellungswert ./. 25 % $\quad$ ./. $\quad$ 58.968 €

+/./. Abschlag/Zuschlag für besondere objektspezifische Grundstücksmerkmale

+ besondere Bauteile (Balkon; Eingangsüberdachung) $\qquad\qquad\qquad$ 4.000 €
+ besondere Einrichtungen (Kamin, Einbauküche) $\qquad\qquad\qquad$ 7.000 €
./. Baumängel und -schäden (Feuchtigkeitsschaden) $\qquad\qquad$ ./. $\quad$ 3.000 €
./. wirtschaftliche Wertminderungen (mangelnde Wärmeisolierung) $\quad$ ./. $\quad$ 5.000 €
+ Wert der sonstigen baulichen Anlagen (Garage) $\qquad\qquad\qquad$ 6.000 €
= Gebäudewert $\qquad\qquad\qquad\qquad\qquad\qquad\qquad\qquad$ 185.904 €

C. Außenanlagen
Ver- und Entsorgungsanschlüsse
Gartenanlagen, Bepflanzungen
Wegbefestigung
Einfriedungen $\qquad\qquad\qquad\qquad\qquad\qquad\qquad\qquad$ 12.000 €
Terrasse
Sachwert $\qquad\qquad\qquad\qquad\qquad\qquad\qquad\qquad\qquad$ 310.000 €
Marktanpassung (20 %) $\qquad\qquad\qquad\qquad\qquad\qquad\qquad$ 62.000 €
Verkehrswert $\qquad\qquad\qquad\qquad\qquad\qquad\qquad\qquad\qquad$ 248.000 €

Sie haben dem vorherigen Berechnungsbeispiel entnehmen können, dass eine Reihe von Annahmen erforderlich sind, um den Wert einer Liegenschaft zu bestimmen. Zur Ermittlung des Sachwertes greift ein Gutachter zunächst auf vorhandene Daten und Preise zurück. Das daraus resultierende technische Ergebnis muss nun an die Marktlage angepasst werden. Im vorliegenden Beispiel liegt diese Marktanpassung bei 20 Prozent – minus! Anders ausgedrückt: Der realistische Sachwert dieser Liegenschaft wird mit 310.000 Euro angegeben. Doch lässt sich dieser Preis aufgrund der Marktsituation nicht erzielen. Somit muss der Gutachter eine Anpassung vornehmen, damit sich für das Objekt zeitnah ein Käufer findet. Fingerspitzengefühl und jahrelange Erfahrung sind an dieser Stelle zwingend, um zu einer realistischen Preisanpassung zu kommen.

Marktanpassungsfaktoren für Ein- und Zweifamilienhäuser am Beispiel der Stadt Oldenburg
(in Abhängigkeit von Sachwert und Baujahr)

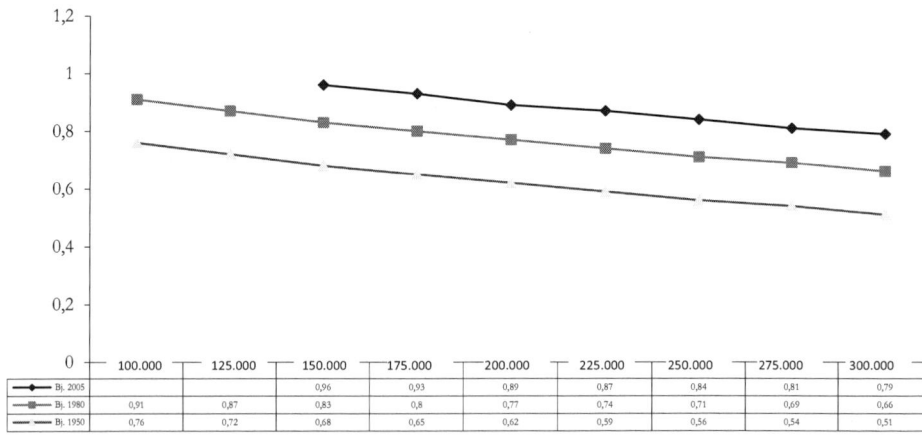

	100.000	125.000	150.000	175.000	200.000	225.000	250.000	275.000	300.000
Bj. 2005			0,96	0,93	0,89	0,87	0,84	0,81	0,79
Bj. 1980	0,91	0,87	0,83	0,8	0,77	0,74	0,71	0,69	0,66
Bj. 1950	0,76	0,72	0,68	0,65	0,62	0,59	0,56	0,54	0,51

Grafik bezieht sich auf einen Bodenrichtwert von 150 Euro/m². Korrekturwert für BRW = 100 Euro/m² = - 0,12; Korrekturwert für BRW = 200 Euro/m² = + 0,07

Ertragswertberechnung

Käufer von Mietobjekten interessieren sich natürlich auch für die Substanz und damit für den Sachwert einer Liegenschaft. Doch in Sachen Vermietungsobjekt sagt der Preis selbst nichts über die Wertigkeit und Profitabilität einer Immobilie aus. Deshalb interessieren sich Investoren zum einen für die tatsächlich und nachhaltig zu erzielende Miete und zum anderen für die zukünftige Marktentwicklung. Eine Immobilie ist eben nicht von A nach B zu verlegen, wenn sich die Rahmenbedingungen verschlechtern. Deshalb handeln Investoren sehr vorsichtig. Sie handeln nach der Devise *„Zuerst die Zahlen, dann das Objekt"* und werden dabei von zwei Schlüsselfragen „getrieben":

1. Was kann schiefgehen?
2. Was ist es, was ich übersehe?

Für mein Verständnis sind Investoren „pessimistische Realisten". Sie mögen keine Risiken, dafür kalkulierbare „Return of Investments", also Investitionen, die ihnen ihr Geld „zurückgeben". Risiken werden von dieser Käuferklientel, wenn überhaupt, nur unter bekannten Bedingungen akzeptiert. Vereinfacht lässt sich ihr Engagement so ausdrücken:

> *„Es ist nicht wichtig, wie viel Geld sich mit diesem Objekt verdienen lässt, sondern wie groß das Risiko ist, das sie eingehen müssen, um diesen Gewinn zu erzielen. "*

Das Gespräch mit Investoren ist von sehr hoher Qualität. Unvorbereitete Verkäufer laufen hier buchstäblich ins offene Messer, wenn sie die Fragen nicht oder falsch beantworten. Wie erwähnt, so werden Investoren – ich will es vorsichtig ausdrücken – von der Angst getrieben, etwas falsch zu machen. Ein gut vorbereiteter Verkäufer kann ihnen die Angst nehmen, wenn er auf die Punkte eingeht, die jeden Investor interessieren: aktuelle Mietsituation, Mietmarkt im näheren Umfeld der Immobilie, demografische Situation in der Stadt etc. Die Liste dieser Fragen ließe sich fortführen, würde jedoch den Rahmen dieses Buches sprengen.

Verkäufer von Anlageimmobilien sprechen in diesem Zusammenhang nicht von einem Kaufpreis, sondern vom 18-Fachen, 19-Fachen, 20-Fachen usw. Damit wird das Verhältnis zwischen Kaufpreis und Jahresbruttomiete angegeben. Dieser sogenannte Vervielfältiger sagt, wie viele Jahre es dauert, bis der Immobilienkäufer das eingesetzte Kapital über die Mieteinnahmen zurückerhält. Gleichzeitig wird er zur Ermittlung des Kaufpreises herangezogen und mit folgender Formel errechnet:

$$\textit{Vervielfältiger} \times \textit{Brutto-Jahresmieteinnahme} = \textit{Kaufpreis}$$

Angenommen, die Mieteinnahmen einer Immobilie betragen jährlich 8.000 Euro und der Kaufpreis wird mit dem 12-fachen angegeben, dann erhalten wir nach obiger Formel folgenden Kaufpreis:

$$\textit{12} \times \textit{8.000 EUR} = \textit{96.000 EUR}$$

Umgekehrt können wir dann den Vervielfältiger ermitteln, wenn nur Kaufpreis und Jahresmiete angegeben werden, und zwar mit folgender Formel:

$$\frac{\textit{Kaufpreis}}{\textit{Jahres-Nettokaltmiete}} = \textit{Vervielfältiger} \qquad \frac{\textit{96.000 €}}{\textit{8.000 €}} = \textit{12}$$

Wenn Sie die Rendite ermitteln wollen, müssen Sie sich für eine von zweien entscheiden: Brutto-Mietrendite oder Netto-Mietrendite.

Brutto-Mietrendite

Sie kennen aufgrund der vorherigen Berechnungen den Vervielfältiger. Mit diesem Ergebnis können Sie nun die Brutto-Mietrendite be-
rechnen, und zwar mit folgender Formel:

$$Brutto\text{-}Mietrendite = \frac{100}{Vervielfältiger} \quad also: \quad = \frac{100}{12} = 8{,}3\,\%$$

Haben Sie den Vervielfältiger nicht ermittelt, können Sie auch mit
einer anderen Formel zum gleichen Ergebnis gelangen:

$$Brutto\text{-}Mietrendite = \frac{Jahres\text{-}Bruttomiete \times 100}{Kaufpreis} = \frac{800.000\,€}{96.000\,€} = 8{,}3\,\%$$

Dazu im Vergleich jetzt die Berechnung der Netto-Mietrendite:

$$Netto\text{-}Mietrendite = \frac{jährlicher\ Reinertrag \times 100}{gesamte\ Anschaffungskosten^3}$$

Für den bisherigen Beispielfall (Jahresbruttomiete: 8.000 EUR ./. 20
% Bewirtschaftungskosten = 6.400 EUR) bedeutet das:

$$\frac{6.400 \times 100}{105.600} = 6{,}06\,\%$$

---

[3] Diese Kosten setzen sich wie folgt zusammen: Kaufpreis 96.000 EUR zzgl. 10 %
Kaufnebenkosten (= 9.600 EUR) = 105.600 EUR. Sollte ein Erwerber zudem ein
Darlehen aufnehmen, reduzieren diese Kosten (Zinsen) natürlich den Ertrag und
somit auch die Rendite.

Ertragswertberechnung

Nettokaltmiete (nachhaltig erzielbar)	10.000 €
./. jährliche Bewirtschaftungskosten	
(= 20 % von Nettokaltmiete)	2.000 €
= Jährlicher Reinertrag	8.000 €
./. Reinertrag des Bodens	
(Verzinsung nur des Bodenwertanteils, der den	
Erträgen zuzuordnen ist) = 5 % von 112.500 Euro	5.625 €
Ertrag der baulich nutzbaren Anlagen	2.375 €
./. Wirtschaftliche Restnutzungsdauer des Gebäudes	
Barwertfaktor bei 60 Jahre Restnutzungsdauer und	
5 % Liegenschaftszinssatz = 18,93	
Ertragswert der baulich nutzbaren Anlagen:	
18,93 x 2.375 €	44.958 €
+ Bodenwert	112.500 €
Gesamt-Ertragswert	158.000 €

3.3.2 Fehlende Mängelliste

„Besser nachgeben als zu Schaden kommen."

Deutsches Sprichwort

Der Makler zeigt einer kaufinteressierten Familie ein freistehendes Einfamilienhaus. Die Familie ist begeistert und möchte das Haus kaufen. Daraufhin sagt der Makler: *„Lassen Sie uns in den Garten gehen, damit ich Ihnen noch Ihre zukünftigen Nachbarn zeigen kann."* Dort angekommen zeigt er nach Norden und sagt: *„Sie sehen hier die Fischfabrik. Im Osten liegt die Mülldeponie, im Westen hat ein Landwirt seine Putenställe aufgebaut, und im Süden sehen Sie eine Schaffarm."* Die Familie ist entsetzt. So hatten sie sich ihr neues Zuhause nicht vorgestellt. Der Makler wiegelt ab: *„Sehen Sie es doch von der positiven Seite. Sie können am Geruch erkennen, aus welcher Richtung der Wind kommt."*

Dieser Makler ist ehrlich, und das sollten Sie als Verkäufer auch sein. Schließlich sind große Summen im Spiel, und bei Geld hört die Freundschaft bekanntlich auf – insbesondere dann, wenn der Käufer später das Gefühl hat, über den Tisch gezogen worden zu sein.

Es versteht sich von selbst, dass Sie als Verkäufer auf etwaige Mängel am Objekt hinweisen. Eine verschimmelte Wand mit weißer Wandfarbe überzustreichen, um diesen Mangel zu überdecken, ist nicht nur unverschämt, sondern auch rechtlich bedenklich. Nach § 462 BGB kann der Käufer auf Wandlung des Kaufvertrages bestehen. Er muss nicht zahlen und kann etwaige Anzahlungen zurückverlangen. Im besten Fall verzichtet er auf eine Schadensersatzklage. Vermeiden Sie diesen Ärger und listen Sie alle Mängel am Objekt auf. Sie sind als Verkäufer nicht verpflichtet, einen Mangel zu beseitigen, wenn dieser zum Gegenstand der Vertragsverhandlung wird. So könnte ein Schimmelproblem durch undichte Fenster entstehen. Dann dürfen Sie sehr wohl dieses Haus mit undichten Fenstern verkaufen, wenn Sie den Käufer davon in Kenntnis setzen. Diese Kosten für die Beseitigung dieser Mängel reduzieren selbstverständlich den Kaufpreis.

Als Verkäufer haften Sie nach § 459 BGB dafür, dass der Kaufgegenstand frei von Fehlern und Mängeln ist, dass sein vertraglich zugesicherter Gebrauch möglich ist und dass zugesagte Eigenschaften eingehalten werden. So muss ein Käufer davon ausgehen, dass alle auf dem Grundstück errichteten Gebäude baurechtlich genehmigt und fachgerecht erstellt wurden. Im anderen Fall sind Sie verpflichtet, auf fehlende Genehmigungen hinzuweisen. Kommen Sie dieser Verpflichtung nicht nach, können Sie schadensersatzpflichtig gemacht werden.

Darüber müssen Sie als Verkäufer den Käufer informieren:

- Altlasten, die u. U. auf dem Grundstück lagern (auch unterirdisch)
- fehlende Baugenehmigungen
- Pläne der Kommunen, die z. B. einen Straßenausbau planen (die Kosten hierzu werden anteilig auf die Hauseigentümer verteilt)
- Fäule im Gebäude
- Pilzbefall und Hausschwamm
- Leckagen an Rohren und Undichtigkeit an Fenstern, Türen oder Kellerräumen
- Feuchtigkeit an verschiedenen Stellen im Haus
- Bauschäden
- Ungezieferbefall jeglicher Art

Man mag es kaum glauben, aber auch nervige Nachbarn stellen einen Mangel dar, zumindest dann, wenn Sie eine Eigentumswohnung bewohnen und Ihre Wohnung direkt angrenzt. Wobei der Begriff *nervig* eine vorsichtige Umschreibung für Schikanieren ist. Es soll Menschen geben, die große Freude daran haben, anderen nachzustellen oder ihnen das Leben schwer zu machen. Wenn ein solcher Mensch Ihr Nachbar ist, dann sind Sie bei strenger Auslegung der Rechtslage verpflichtet, Ihren Käufer davon in Kenntnis zu setzen.

Auch in Kenntnis setzen müssen Sie den Käufer, wenn die Eigentümergemeinschaft in dem Verkaufsobjekt heillos zerstritten ist. So will es das Gesetz, wobei Sie nicht päpstlicher sein sollten als der Papst. Sie wollen Ihre Immobilie verkaufen, und da geht es im Wesentlichen um Sachwerte und nicht um menschliche Zuwendung. Wer eine Eigentumswohnung kauft, weiß, dass er sich in ein Haus mit mehreren Parteien begibt. Das kann gutgehen, aber auch genauso gut nicht funktionieren. Wir haben es mit Menschen zu tun, weshalb niemand vorausschauend sagen kann, dass eine „Ehe" (nichts anderes ist die Eigentümergemeinschaft, eine Ehe unter Wohnungseigentümern) dauerhaft problemlos funktioniert. Insofern sollten Sie es mit der Ehrlichkeit nicht übertreiben und hier ein Katastrophenszenario beschreiben, in dem Sie ob der „bösen" Eigentümer leben. Im Übrigen muss ein Käufer vor Gericht beweisen, dass ihm eine „zerrüttete" Gemeinschaft verschwiegen wurde. Zwischenmenschliche Beziehungen lassen sich nicht erzwingen. Wer mit dem einen nicht gut kann, kann es vielleicht mit einem anderen.

Dennoch müssen Sie die Mängelliste sehr ernst nehmen. Es geht nicht darum, nun jedes Detail aufzulisten, sondern nur die kostenintensiven Mängel. Ansonsten bringen Sie sich um einen ruhigen Schlaf. Schließlich haften Sie für arglistig verschwiegene Mängel 30 Jahre lang. Wollen Sie 30 Jahre mit der Angst leben, in Regress genommen werden zu können? Und das nur, um für den Augenblick etwas mehr Geld aus der Immobilie geholt zu haben? Dieses Geld ist schnell wieder ausgegeben, das Gefühl der Angst indes begleitet Sie ein halbes Leben. *„Ehrlich währt am längsten"*, sagt ein deutsches Sprichwort. Denken Sie daran, wenn Sie die Mängelliste ausfüllen.

Natürlich haften Sie für keinen erkennbaren Schaden, wenn der Käufer seiner Sorgfaltspflicht nicht nachgekommen ist und das Haus ohne Besichtigung gekauft hat.

Bei aller Vorsicht: Machen Sie jedoch Ihre Immobilie nicht schlechter als sie ist.

Günstigerprüfung! Bestellt der Käufer einen Gutachter, um den Wert der Mängel zu begutachten, laufen Sie Gefahr, dass hier Kostenvoranschläge eingeholt werden, die aus Ihrer Sicht überteuert sein könnten. Dann kann es für Sie günstiger sein, Mängel fachgerecht auf eigene Kosten beseitigen zu lassen. Somit können Sie dann am ursprünglichen Kaufpreis festhalten. Rechnen Sie nach und prüfen Sie, welche Variante für Sie günstiger ist.

3.3.3. Kein Verhandlungsspielraum

*„Besser, man wird im Preis als in
der Ware betrogen. "*

Baltasar Gracian y Morales

Ein junger Mann wagt den Schritt in die Selbstständigkeit. Dazu hat er sich ein großzügig eingerichtetes Büro gemietet. Alles läuft wie am Schnürchen, nur die Kunden bleiben aus, weshalb in der Firmenkasse gähnende Leere herrscht. Wieder einmal sitzt er verzweifelt an seinem überdimensionalen Schreibtisch, als seine Sekretärin an der Tür klopft, um einen Mann hereinzulassen. Der junge Mann greift zum Telefon und gibt seiner Sekretärin ein Zeichen, dass dieser Mann nun hereinkommen kann. Als dieser vor seinem Schreibtisch steht, „telefoniert" der junge Mann noch immer: *„Selbstverständlich, Herr Dr. Klein. Natürlich, Herr Dr. Klein. Ja, Sie können sich ganz auf mich verlassen. Wir werden Ihren Auftrag über eine halbe Million professionell abwickeln. Und mit der Bezahlung können Sie sich ruhig ein wenig Zeit lassen. So nötig habe ich es dann auch nicht. Gut, in diesem Sinne, alles Gute, Herr Dr. Klein. Wir sehen uns."* Er legt auf und wendet sich an seinen Besucher mit den Worten: *„Bitte fassen Sie sich kurz. Sie sehen ja, was hier los ist. Was kann ich für Sie tun?"* *„Nichts",* antwortet der Mann, *„ich bin von der Telefongesellschaft und damit beauftragt worden Ihr Telefon anzuschließen."* Diese Anekdote drängt sich mir häufig auf, wenn ich sehe, wie „wichtig" sich private Immobilienverkäufer nehmen. Sie geben vor, einige Dutzend Interessenten zu haben, die eher heute als morgen das Objekt kaufen wollen. Hochnäsig treten sie den Interessenten entgegen, um damit im sprichwörtlichen Sinn zu zeigen, wo der *„Barthel den Most holt".* Natürlich mahnen sie zur Eile und damit eine schnelle Entscheidung an.

Diese – mit Verlaub – „Nummer" kommt in diesen Zeiten bei keinem Interessenten gut an. Sie ist einfach übertrieben. Natürlich dürfen Sie ein wenig pokern, aber bleiben Sie in Ihren Ausführungen auf dem Teppich. Über- wie Untertreibungen schaffen keine Vertrauensbasis, ohne die kein Geschäft auskommt. Sorgen Sie für eine gute Gesprächsatmosphäre, dann müssen Sie zu keiner Seite übertreiben. Getreu dem alten Handwerkergrundsatz „*Klappern gehört zum Handwerk*" sollten Sie mit Ihrem Angebot nicht hinterm Berg halten, sondern schon alles professionell in Szene setzen. Nur nicht übertreiben, das ist wichtig. Entwickeln Sie ein Gespür für die Interessenten.

Geben Sie jedem Interessenten zunächst die unverbindliche Möglichkeit, sich in aller Ruhe mit Ihrem Objekt zu beschäftigen. Erst danach sollten Sie in die Preisverhandlung einsteigen. Für gewöhnlich haben Sie im Vorfeld den Preis für Ihre Immobilie kommuniziert, sodass jeder Interessent weiß, was Sie verlangen. Dennoch „trickst" er häufig und fragt bewusst noch einmal nach dem Preis. Wenn nicht schon geschehen, dann gehen Sie in diesem Moment direkt auf ihn zu und schauen ihn in die Augen – schauen, nicht starren! Und nun nennen Sie den Preis, den er ohnehin schon kennt. Zögern Sie nicht und achten Sie auf eine feste Stimme. Angst ist in diesem Zusammenhang alles andere als förderlich. Ihr entschlossenes Auftreten signalisiert Ihrem Gesprächspartner, dass Sie den Preis gut überlegt haben und es nur wenig Verhandlungsspielraum gibt.

Das ist wichtig. Dennoch brauchen Sie diesen Spielraum, weil es ohne Rabatte nicht geht. Im Grunde unseres Herzens sind wir Menschen noch immer Jäger und Sammler. Wir jagen günstigen Preisen hinterher, weil wir ein gutes Gefühl haben, wenn wir eine Jagd für uns entschieden haben. Die „Trophäe" für einen Immobilienkäufer ist Ihr Preiszugeständnis. Sie wären ein schlechter Verkäufer, wenn dieser Rabatt zu Ihren Lasten ginge. Deshalb rechnen Sie diesen Rabatt „on top". Nehmen wir an, der Verkehrswert Ihrer Immobilie wird mit 250.000 Euro angegeben. Ihr Ziel sind 260.000 Euro. Das ist legitim, schließlich ist der Wert keine mathematisch genau ermittelbare Größe, weshalb vier Gutachter vier verschiedene Preise nennen werden. Also dürfen Sie trotz eines festgestellten Verkehrswertes durchaus ein wenig mehr verlangen. In diesem Fall bewegt sich Ihr Preiszugeständnis zwischen 250.000 und 260.000 Euro. Also starten Sie Ihre Offensive mit einem Angebot von 269.000 Euro. Je nach Gesprächsverlauf nähern Sie sich in kleinen Trippelschritten dem von Ihnen festgelegten Wunschpreis.

Übertreiben Sie nicht mit einen „On Top"-Preis, um in der Verhandlung einen Nachlass von 20 Prozent einzuräumen. Das ist alles andere als vertrauensbildend. Versetzen Sie sich in die Lage des Käufers und prüfen Sie, wie es sich anfühlt, einen Preisnachlass von 20 Prozent ausgehandelt zu haben. Weckt das nicht die Begierde, noch mehr herausholen zu wollen? Oder fühlen Sie sich sogar verschaukelt, weil es nur Ihrer Hartnäckigkeit zu verdanken ist, diesen Preis ausgehandelt zu haben? Ansonsten wären Sie über den Tisch gezogen worden.

Eine Möglichkeit, Preisverhandlungen mit einem zufriedenstellenden Ergebnis abzuschließen, sind „Zubehörteile". Statt eines Preisnachlasses überlassen Sie dem Käufer die Einbauküche, ein Gartenhaus oder den freistehenden Kaminofen. Deshalb sollten Sie nicht schon im ersten Gesprächstermin versuchen, diese Dinge zu verkaufen.

3.3.4 Finanzsituation des Käufers

„Für Geld darfst du bürgen, aber nie für einen Menschen."

Japanisches Sprichwort

Egal, ob Sie einen Gutachter beauftragen oder selbst einen Preis für Ihre Immobilie ermitteln – es geht am Ende immer darum, den richtigen (!) Marktwert, umgangssprachlich Verkehrswert, Ihrer Immobilie zu ermitteln. Dabei kommt es in erster Linie darauf an, subjektive und besondere Einflüsse auszuschalten. Im deutschen Baugesetzbuch (BauGB), § 194, heißt es dazu:

> *Der Verkehrswert (Marktwert) wird durch den Preis bestimmt, der zu dem Zeitpunkt, auf den sich die Ermittlung bezieht, im gewöhnlichen Geschäftsverkehr nach den rechtlichen Gegebenheiten und tatsächlichen Eigenschaften, der sonstigen Beschaffenheit und der Lage des Grundstücks oder des sonstigen Gegenstands der Wertermittlung ohne Rücksicht auf ungewöhnliche oder persönliche Verhältnisse zu erzielen wäre.*

Um einen „verlässlichen" Kaufpreisspiegel für eine Region erstellen zu können, kann nach § 192 BauG ein selbstständiger, unabhängiger Gutachterausschuss gebildet werden. In erster Linie geht es in diesem Ausschuss um die Sammlung von Kaufpreisdaten, die ausgewertet und aufbereitet werden. Die daraus entstehenden Daten geben Auskunft über aktuelle Bodenrichtwerte, durchschnittliche Kaufpreise für Immobilien und Gewerbeobjekte etc. pp. Diese Daten, die in der Regel jährlich erhoben werden, spiegeln damit die aktuelle Situation des örtlichen Immobilienmarktes wider. Deshalb schreibt § 195 BauGB vor, dass von jedem notariell beurkundeten

Kaufvertrag eine Kopie an den Gutachterausschuss übermittelt werden muss. Das gilt für alle Verträge, durch die sich jemand verpflichtet, Eigentum an einem Grundstück gegen Entgelt, auch im Wege des Tausches, zu übertragen.

Sie als Verkäufer können auf die Daten des Gutachterausschusses zurückgreifen. Das erleichtert die Preisfindung für Ihre Immobilie. Wobei ich nochmals unterstreichen möchte, dass die Gutachterdaten Durchschnittswerte sind, die allenfalls als Richtschnur und nie als verbindliche Empfehlung verstanden werden sollten. Wenn ein Bettler keinen Cent besitzt und ein Millionär eine Million Euro, dann hat jeder von ihnen statistisch 500.000 Euro. Sie sehen, so können Durchschnittsdaten „verfälscht" werden.

In diesem Zusammenhang wird auch häufig vom Beleihungswert gesprochen. Dieser aus der Kreditwirtschaft kommende Begriff gibt den Wert einer Kreditsicherheit an, von dem mit hoher Wahrscheinlichkeit erwartet werden kann, dass er sich langfristig zu jedem beliebigen Zeitpunkt realisieren lässt. Dieser Beleihungswert bildet als Ausnahme die absolute Obergrenze, bis zu der ein Kreditinstitut aufgrund interner und gesetzlicher Vorschriften Kredite gewähren darf. Der Wert darf gemäß § 16 (Abs. 2 PfandBG) den nach einem anerkannten Bewertungsverfahren ermittelten Marktwert nicht übersteigen.

Nehmen wir an, der Marktwert Ihrer Immobilie liegt bei 300.000 Euro, dann wird in aller Regel der Beleihungswert für erstrangige Darlehen bei rund 160.000 Euro liegen. Banken beleihen an dieser Stelle bis zu 60 Prozent des von ihr festgestellten Verkehrswertes, wobei zuvor ein Sicherheitsabschlag in Anrechnung gebracht wird. Bei einem Marktwert von 300.000 Euro und einem Sicherheitsabschlag von 10 Prozent (= 30.000 Euro) ergibt sich ein Marktwert aus Sicht der Kreditwirtschaft von 270.000 Euro. 60 Prozent von 270.000 Euro ergeben 162.000 Euro, abgerundet 160.000 Euro, die nun erstrangig finanziert werden können. Dieses Beispiel zeigt, dass die standardisierte Frage nach der Höhe des Eigenkapitals unsinnig ist. Wenn dann das Gros der Befragten, in der Regel Banken, Versicherungen und Bausparkassen, 20 Prozent als Richtschnur nennen, nehmen sie es mit der Wahrheit nicht so genau.

Übertragen wir diese Aussage auf unser vorheriges Rechenbeispiel, dann ergibt sich für einen Käufer folgende Situation: Das Objekt kostet ihn 300.000 Euro zzgl. Nebenkosten in Höhe von 20.000 Euro, mithin 320.000 Euro. Werden davon die *geforderten* 20 Prozent Eigenmittel (= 64.000 Euro) abgerechnet, muss ein Betrag von 256.000 Euro finanziert werden. Nehmen wir an, dass der Kreditgeber diesen Betrag über zwei Darlehen (erst- und zweitrangig) zu umgerechnet 4,5 Prozent Zinsen zzgl. 1 Prozent anfängliche Tilgung finanziert. Somit muss der Käufer monatlich 1.174 Euro aufbringen, und das für mehr als dreißig Jahre! Bei einem Familieneinkommen (Vier-Personen-Haushalt) von 1.900 Euro ist diese Kreditrate nicht zu stemmen. Obwohl 20 Prozent Eigenkapital vorhanden sind, übersteigt die Anschaffung dieser Immobilie die finanziellen Möglichkeiten des Käufers. Diese bittere Erkenntnis trifft viele Käufer im denkbar ungünstigsten Moment. Oft haben sie einige Gespräche mit dem Verkäufer hinter sich und sind sich sogar mit ihm einig, weshalb dann das Gespräch mit einem Kreditgeber folgt. Entsetzt schauen viele auf diese hohe Belastung und treffen nicht selten eine folgenschwere Entscheidung: Sie finanzieren trotzdem (es gibt Banken, die diese Entscheidung mittragen) und wundern sich nur einige Monate später, dass ihr Konto ständig im Minus steht.

Mit der richtigen Berechnung hätte von Anfang an dieses Problem vermieden werden können. In fast allen Lebensbereichen treffen wir die richtigen finanziellen Entscheidungen, doch sobald größere Summen im Spiel sind, vergessen wir offensichtlich unser Erfolgskonzept. Haben Sie schon einmal ein neues Auto gekauft? Haben Sie den gesamten Kaufpreis in bar entrichtet oder mussten Sie den Betrag finanzieren (bzw. Mietkauf, Leasing), so wie die meisten Käufer? In diesem Fall interessiert Sie der Kaufpreis des Autos nur bedingt. Viel wichtiger war für Sie mit Sicherheit die Frage nach der monatlichen Belastung. Ein Mittelklassewagen zum „monatlichen"

Preis von 299 Euro ist leichter zu bezahlen als den Betrag von 35.000 Euro sofort auf den Tisch zu legen. Diese große Zahl können sich ohnehin nur die wenigsten vorstellen. Einen Betrag von 299 Euro bekommt man noch im Kopf gerechnet. Schnell wird das monatliche Netto-Einkommen gegenüber gestellt, um zu erkennen, ob die monatliche Rate von weniger als 300 Euro bezahlt werden kann oder nicht.

Genau diese Berechnung stellen kluge Immobilienkäufer an. Natürlich interessiert sie der Kaufpreis einer Immobilie. Doch viel wichtiger ist für sie die monatliche Belastung, die sich durch den Kauf einer solchen ergibt. Deshalb ermitteln sie im Vorfeld ihrer Suchaktivitäten ihre persönliche Belastungsgrenze und lassen sich dann ausrechnen, wie hoch der Kreditbetrag unter Annahme der aktuellen Zinskonditionen ausfallen darf. Ein Vier-Personen-Haushalt mit einem Einkommen von 1.900 Euro sollte keine Kreditrate von mehr als 700 Euro akzeptieren, auch wenn das Gefühl etwas anderes sagt. Wenn es weniger ist, umso besser. Greifen wir noch einmal auf das vorherige Rechenbeispiel zurück und übertragen diese Daten in eine neue Berechnung. Dann würde die Familie bei einer monatlichen Kreditrate von 700 Euro eine Darlehenssumme von 152.000 Euro erhalten. Hinzu kommen die 64.000 Euro Eigenkapital, sodass die gesamte Investitionssumme 216.000 Euro nicht übersteigen darf. Wenn davon die Anschaffungsnebenkosten von ca. fünf Prozent abgezogen werden, darf der Kaufpreis für die Immobilie 206.000 Euro nicht übersteigen.

Wer so rechnet, vermeidet jede Form von Stress. Er weiß, dass ein Objekt für 300.000 Euro unerschwinglich ist, weshalb er sich nun Immobilien anschaut, die nicht teurer als 206.000 Euro sind. Das ist natürlich bitter, wenn damit nicht das Traumhaus gekauft werden kann. Aber nur auf den ersten Blick. Schulden erdrücken einen Menschen. Es lebt der zufriedener, der sich im Rahmen seiner finanziellen Möglichkeiten bewegt. Dann wird aus dem Traum vom Haus kein Alptraum. Ach ja, fast hätte ich ihn vergessen: des Pudels Kern, wie es in Goethes Faust so treffend heißt. Bei einer Gesamtinvestitionssumme von 216.000 Euro entsprechen 64.000 Euro dreißig Prozent Eigenkapital – womit bewiesen ist, dass nicht die prozentuale Höhe des Eigenkapitals ausschlaggebend ist, sondern die monatliche Belastungsgrenze eines jeden Einzelnen. Insofern stimmt die Empfehlung nicht, dass zwanzig Prozent Eigenkapital ausreichen, um eine Immobilie finanzieren zu können.

Es ist durchaus legitim und alles andere als indiskret, wenn ein Verkäufer im fortgeschrittenen Gesprächsstadium den potenziellen Käufer nach der Art der Bezahlung befragt. Wird, wie fast immer, der Betrag finanziert, räumt der Verkäufer der finanzierenden Bank das Recht ein, auf sein Haus eine Grundschuld eintragen zu lassen, obwohl noch kein Geld geflossen ist (da ein Notar „im Spiel" ist, ist dieser Umstand nicht sonderlich tragisch). Deshalb steht dem Verkäufer m. E. das Recht zu, schon weit vor Vertragsabschluss nach der Bezahlung zu fragen. Weiter vorne habe ich erwähnt, dass viele Käufer gar keine Ahnung haben, welche Belastung auf sie zukommen wird, wenn sie das angebotene Objekt kaufen. So passiert es durchaus häufiger, dass Verkäufer und Käufer viele Stunden miteinander verbringen, der Kaufvertrag in Ermangelung einer Finanzierung dann aber nicht zustande kommt. Schade um die Zeit.

Die nachfolgende Tabelle kann diese Situation ein wenig entschärfen, denn Zeit ist bekanntlich Geld. Kümmern Sie sich um zahlungsfähige und nicht um „zahlungsunfähige" Kaufinteressen. Investieren Sie Ihre Zeit in die Menschen, die sich Ihr Objekt auch leisten können. Das zu erkennen ist nicht immer einfach, aber ein kleiner Trick hilft, und zwar mit dieser Tabelle. Damit entlarven Sie „finanzschwache Käufer":

Belastungsgrenze

Rate	Nominalzins					
	4 %	5 %	6 %	7 %	8 %	9 %
511 €	122.640 €	102.258 €	87.430 €	76.693 €	68.001 €	61.355 €
562 €	134.880 €	112.484 €	96.122 €	84.363 €	75.159 €	67.490 €
613 €	147.120 €	122.710 €	104.814 €	92.032 €	81.806 €	73.626 €
664 €	159.360 €	132.935 €	113.506 €	99.701 €	88.453 €	79.761 €
715 €	171.600 €	143.161 €	122.710 €	107.371 €	95.611 €	85.897 €
766 €	183.840 €	153.387 €	131.402 €	115.040 €	102.258 €	92.032 €
818 €	196.320 €	163.613 €	140.093 €	122.710 €	108.905 €	98.168 €
869 €	208.560 €	173.839 €	148.785 €	130.379 €	116.063 €	104.303 €
920 €	220.800 €	184.065 €	157.477 €	138.048 €	122.710 €	110.439 €
971 €	233.040 €	194.290 €	166.169 €	145.718 €	129.356 €	116.574 €
1.278 €	306.720 €	255.645 €	218.832 €	191.734 €	170.260 €	153.387 €
1.533 €	367.920 €	306.775 €	262.804 €	230.081 €	204.516 €	184.065 €

(alle Beträge bei anfänglich 1 % Tilgung)

Angenommen, Sie erfahren von Ihrem Interessenten, dass er sich einen Betrag von 920 Euro leisten kann, dann schauen Sie bitte zunächst in die linke Spalte. Weiter unten finden Sie diesen Betrag. Bei einem Zinssatz zwischen 4 und 5 Prozent erhält er als Kreditkunde ein Darlehen zwischen 220.000 und 185.000 Euro. Bei einem Verkaufspreis von 300.000 Euro „fehlt" ein Betrag, der durch Eigenmittel ausgeglichen werden muss. Kann Ihr Käufer das? In diesem Fall steht einem weiteren positiven Gesprächsverlauf nichts mehr im Wege. Fehlt es ihm an ausreichenden Eigenmitteln, kann sich der Verkauf unnötig in die Länge ziehen.

Im besten Fall haben Sie die Qual der Wahl – das heißt, Sie können unter einer Vielzahl von Interessenten einen Käufer auswählen. Ein Luxusproblem, mit Verlaub, und dennoch nicht ganz ungefährlich. Ihre Wahl könnte auf jemanden fallen, der am Ende nicht zahlungsfähig ist. Um das auszuschließen, empfiehlt es sich:

- jemanden zu nehmen, der über eine größere Summe Bargeld verfügt (erleichtert die Finanzierung),

- dem Interessenten den Vortritt zu lassen, der eine Finanzierungszusage einer Bank vorlegen kann,
- den zu nehmen, der selbst noch im Besitz einer Wohnung ist, selbige aber schon verkauft hat.

Es ist durchaus üblich, dass der beurkundende Notar empfiehlt, in den Kaufvertrag eine Belastungsvollmacht aufzunehmen. Das geschieht in der Absicht, schneller an das Geld zu kommen. Aus Ihrer Sicht als Verkäufer ein durchaus löblicher Vorgang. Doch bedenken Sie die rechtlichen Folgen und damit die Tragweite dieser Zustimmung. Diese im Kaufvertrag niedergeschriebene Belastungsvollmacht räumt dem Kreditgeber des Käufers die Möglichkeit ein, eine Belastung (also eine Grundschuld) in Ihr Grundbuch eintragen zu lassen, während Sie hier noch als Eigentümer vermerkt sind. Sie räumen damit einer Ihnen unbekannten Bank, zu der Sie kein Rechtsverhältnis haben, die Möglichkeit ein, sich an Ihrem Objekt „zu bedienen", wenn es die Umstände erfordern sollten. Weil Grundschulden abstrakt sind, ist das eben möglich. Wenn Sie ein schuldenfreies Haus Ihr Eigen nennen, können Sie hier eine Briefgrundschuld über eine Summe X eintragen lassen und diesen Brief bei jeder Bank als Sicherheit hinterlegen, auch dann, wenn Sie mit dem geliehenen Geld einen Porsche kaufen wollen (ist nur ein „abstraktes" Beispiel). Dann sind Sie im Besitz des Kfz-Briefes, während der Porsche als solches über Ihr Haus finanziert wird. Das versteht man unter einer abstrakten Grundschuld. Genauso müssen Sie es sich vorstellen, wenn Sie einem fremden Käufer und seiner Bank die Möglichkeit einräumen, eine Grundschuld eintragen zu lassen. Die können damit machen, was sie wollen – im schlimmsten Fall sogar vollstrecken! Falls Sie eine so weitreichende Vollmacht abgeben, dann geben Sie die Zügel nicht aus der Hand. Stimmen Sie diesem Ansinnen nur zu, wenn der Käufer Ihnen seinen Auszahlungsanspruch gegenüber seinen Geldgebern abtritt. Wie im Kaufvertrag zu formulieren ist, weiß der Notar.

3.3.5 Bestehende Finanzierung

*„Die Erfahrung kostet ein hohes Schulgeld, aber ihr
Unterricht ist unbezahlbar."*

Thomas Carlyle

Wenn Ihre Immobilie noch nicht bezahlt ist, lasten hierauf für gewöhnlich noch Grundschulden in Verbindung mit einem Darlehensvertrag. Ein solcher Vertrag kann nur unter außergewöhnlichen Umständen gekündigt werden. Ansonsten sind Sie als Kreditnehmer bis zur vereinbarten Laufzeit an den Vertrag gebunden. Der Verkauf einer Immobilie ist eine außergewöhnliche Maßnahme, sodass eine Bank in der Regel einer vorzeitigen Darlehensauflösung zustimmen wird. Diese Zusage ist wichtig, ansonsten können Sie den Verkauf der Immobilie nicht abwickeln. Lassen Sie sich von Ihrer finanzierenden Bank noch vor Kaufvertragsunterschrift schriftlich die Darlehensauflösung bestätigen.

Ich erlebe es immer wieder, dass Verkäufer sich so sicher fühlen, dass sie auf diese Bestätigung verzichten. Sie gehen davon aus, dass „ihre Hausbank" sich nicht querstellen wird. Wer auf diese Bestätigung verzichtet, verlässt sich somit auf den Notar. Der wird nach Vertragsunterschrift die Bank vom Verkauf der Immobilie in Kenntnis setzen und für die eingetragene Grundschuld eine Löschungsbewilligung anfordern. Groß ist dann die Überraschung mancher Verkäufer, wenn diese nicht erteilt wird oder nur mit Auflagen, die schlichtweg nicht erfüllt werden können. Viele Kaufverträge sind daran schon gescheitert.

Besonders dann, wenn der Verkäufer einer Immobilie mehrere Konten bei einer Bank unterhält, kann es zu diesen Problemen kommen. Weiter vorne beschrieb ich das Prinzip der Grundschuld. Sie ist abstrakt, das heißt, man kann sie für alles einsetzen – was die Banken auch gerne tun. Sie nutzen hier die Unwissenheit Ratsuchender schamlos aus, was ich an einem typischen Praxisbeispiel zeigen möchte. Nehmen wir an, Sie haben als 18-Jähriger bei Ihrer heutigen Hausbank Ihr erstes Konto eröffnet. Einige Jahre später machen Sie sich selbstständig und führen auch bei dieser Bank das Geschäftskonto. Wieder einige Jahre später kaufen Sie Ihre jetzige Immobilie, die Sie über Ihre Hausbank finanzieren. Somit haben Sie drei Konten bei ein und derselben Bank. Nun kommt es darauf an, wie der Text der von Ihnen bestellten Grundschuld lautet. Banken nutzen dieses Instrument häufig, um darüber nicht nur den Immobilienkredit abzusichern, sondern auch alle anderen Forderungen. Die Formulierung hierzu könnte lauten:

> *„… diese und alle etwa schon früher bestellten Grundschulden nebst Zinsen dienen der Bank zur Sicherheit für alle bestehenden und künftigen, auch bedingten oder befristeten Forderungen an Hauptsumme, Zinsen und Kosten gegen Herrn…"*

Durch diesen einen Satz muss die Immobilie plötzlich auch als Sicherheit für die „alten" Konten herhalten. Sind diese Konten tiefrot überzogen, dann fehlt der Bank eine Sicherheit, wenn Sie die Immobilie verkauft haben. Mit dieser Grundschuld hat die Bank das Recht, den erzielten Kaufpreis zur Tilgung aller Konten heranzuziehen. Das wird dann zu einem Problem, wenn Sie den Gewinn aus dem Immobilienverkauf anderweitig eingeplant haben.

Kluge Immobilienbesitzer trennen Privates von Geschäftlichem nicht nur in Form getrennter Konten, sondern auch durch unterschiedliche Bankverbindungen. Somit ist jede „rechtliche" Trickserei ausgeschlossen. Deshalb finanzieren sie ihre Immobilie bei einer dritten Bank, sodass ebenfalls keine Interessenkonflikte entstehen.

Im begründeten Einzelfall muss eine finanzierende Bank einer vorzeitigen Vertragsauflösung zustimmen. Ein solcher Einzelfall ist, wie schon erwähnt, der Verkauf einer Immobilie. In diesem Fall hat die Bank als Kreditgeber das Recht, einen entstehenden Zinsausfallschaden geltend zu machen (§ 490 BGB). Aus Sicht der Bank entsteht dann ein Schaden, wenn der vertraglich vereinbarte Zinssatz über dem aktuellen Satz für ein Ersatzgeschäft liegt. Anders ausgedrückt: Der aktuelle Zins notiert bei 4 Prozent, während Ihr Kredit mit 6 Prozent abgerechnet wird. Die Bank erhält durch die vorzeitige Vertragsauflösung Geld, welches aus Bankensicht zu 6 Prozent „angelegt" war, zurück. Sie kann es nun nicht für 6 Prozent „neu verkaufen", sondern nur noch für 4 Prozent. Somit hat sie in jedem Fall einen Differenzschaden von mindestens 2 Prozent. Und für diesen Schaden müssen Sie als Kreditnehmer aufkommen. Die Höhe dieser so genannten Vorfälligkeitsentschädigung ist abhängig von der Restschuld und der Restlaufzeit. Im schlechtesten Fall können hier schnell fünfstellige Beträge zustande kommen, die Sie in jedem Fall zu zahlen haben. Deshalb müssen Sie vor Vertragsunterzeichnung mit der Bank sprechen, um die Höhe dieser Kosten in Erfahrung zu bringen. Denn der erzielte Kaufpreis muss in jedem Fall die Restschuld sowie die Vorfälligkeitskosten decken, ansonsten verweigert die Bank eine Löschungsbewilligung.

Banken sind bei der Berechnung der Vorfälligkeitsentschädigung außerordentlich kreativ, weil der Gesetzgeber hier großzügige Gestaltungsspielräume zulässt. Sie sollten die Berechnung Ihrer finanzierenden Bank von einem unabhängigen Experten prüfen lassen (z. B. Verbraucherzentralen), und zwar, bevor Sie den Kaufvertrag unterschreiben. Steht die Forderung erst einmal im Raum, lässt sich daran nur noch wenig rütteln, insbesondere dann, wenn der Notar Fristen einräumt, die von allen Vertragsparteien einzuhalten sind.

Ein Urgestein der deutschen Nachkriegspolitik war Helmut Schmidt. Bevor er Bundeskanzler wurde, war er Finanzminister im Kabinett Brandt (1972 bis 1974). Aus dieser Zeit wird ihm diese Aussage zugeschrieben: „*Wer die Pflicht hat, Steuern zu zahlen, hat auch das Recht, Steuern zu sparen.*"

Steuern zu sparen kann in Sachen Immobilienverkauf zum Problem werden, wenn bestimmte Fristen übersehen werden. Im Einkommensteuergesetz (§ 22) heißt es dazu, dass Gewinne aus einem Immobilienverkauf der Versteuerung als Einkommen unterliegen, wenn zwischen Erwerb und Verkauf weniger als 10 Jahre liegen. In diesem Fall wird der erzielte Gewinn der vollen Einkommensteuer unterworfen. Im Fachjargon wird häufig von der Spekulationssteuer gesprochen. Tatsächlich handelt es sich aber um keine eigene Steuer, sondern der steuerpflichtige Gewinn zählt zum Jahreseinkommen und dafür ist Einkommensteuer zu bezahlen. Dabei besteuern die deutschen Finanzbehörden nach Buchwert und nicht nach tatsächlichem Gewinn, was ein gewaltiger Unterschied ist.

Angenommen, Sie haben eine Eigentumswohnung zu Mietzwecken im Osten Deutschlands erworben und hier das komplette Programm der Steuersparmodelle genutzt. Sie haben für diese Wohnung 200.000 Euro gezahlt und durch Inanspruchnahme staatlicher Förderprogramme bereits eine Abschreibung von 100.000 Euro in Anspruch nehmen können. Der Buchwert dieser Immobilie liegt somit bei rund 100.000 Euro. Sie finanzierten zu 6 Prozent Zinsen und entschulden sich mit einem Prozent anfänglich. Dann notiert die Restschuld des Darlehens nach 15 Jahren bei ca. 161.000 Euro. Sie müssten noch einmal 16 Jahre zahlen, um schuldenfrei zu sein. Sie entscheiden sich für den Verkauf der Immobilie. Aufgrund der Marktsituation erzielen Sie nur 160.000 Euro aus dem Verkauf. Aus Ihrem Verständnis heraus könnten Sie nun glauben, dass der Gewinn bei Null liegt. Sie müssen der finanzierenden Bank 161.000 Euro überweisen, während Sie „nur" 160.000 Euro erhalten haben. Okay, 1.000 Euro sind zu verschmerzen (wenn die vorherigen Zahlungen ausgeblendet werden). Das deutsche Finanzamt rechnet anders. Immerhin haben Sie steuerliche Abschreibungen genutzt, weshalb das Amt auf den Buchwert und nicht auf die Darlehenssumme schaut. Wir erinnern uns, dass der Buchwert dieser Immobilie bei 100.000 Euro liegt.

Sie erzielen einen Verkaufspreis von 160.000 Euro. Somit ergibt sich ein buchwerter Gewinn von 60.000 Euro. Dieser „Gewinn" ist steuerpflichtig! Je nach persönlichem Steuersatz können hier schnell 15.000 Euro und mehr an Steuern auf Sie zukommen. Das mag auf den ersten Blick überraschen, doch dürfen Sie nicht vergessen, dass Sie Steuervorteile vorab und zur Gänze genutzt haben. Wenn das Finanzamt nun davon einen Teil zurückfordert, ist das mehr als ärgerlich, aber nachvollziehbar. Deshalb müssen Sie bei der Kaufpreisfindung zwingend auf den Buchwert und nicht auf die Darlehens-Restschuld achten. Den Buchwert müssen Sie dabei nicht selbst ausrechnen. Ihr Steuerberater führt darüber Buch.

Die vorherigen Beispiele beziehen sich auf Vermietungsobjekte. Bei selbstgenutztem Wohneigentum entfällt die Zehnjahresfrist. Hier können Sie als Besitzer der Immobilie zu jeder Zeit verkaufen. Das heißt aber nicht, dass Sie steuerlich nicht doch noch zur Kasse gebeten werden. Allgemeinhin gilt, dass Veräußerungsgewinne aus privat genutztem Eigenheim steuerfrei sind.

Allerdings knüpft der Gesetzgeber daran eine sehr wichtige Bedingung: Er schreibt vor, dass dieses Objekt **ausschließlich** von Ihnen selbst zu Wohnzwecken genutzt wurde, und zwar die gesamte Zeit (also vom Kauf- bzw. Baudatum bis zum Tag des Verkaufs). Andernfalls gilt die folgende Regelung: Eigennutzung im Jahr des Verkaufs und in den beiden vorangegangenen Jahren. Erfüllen Sie diese Bedingung nicht, wird der Veräußerungsgewinn steuerpflichtig. Eine Steuerzahlung steht Ihnen in jedem Fall ins Haus, wenn Sie in Ihrer selbstgenutzten Immobilie ein steuerlich anerkanntes Arbeitszimmer nutzen. Für diesen Raum gilt die zehnjährige Spekulationsfrist, die für die anderen Räume nicht gilt. Maßgeblich ist die Fläche des steuerlich anerkannten häuslichen Arbeitszimmers. Nehmen wir an, diese liegt bei 15 Prozent. Dann nutzen Sie „gewerblich" 15 Prozent der Fläche, die restlichen 85 Prozent werden privat genutzt. Verkaufen Sie Ihr Eigenheim mit einem Veräußerungsgewinn von 50.000 Euro, dann unterliegt der Betrag von 7.500 Euro (= 15 Prozent von 50.000 Euro Gewinn) der Besteuerung.

Auch hier sollten Sie im Vorfeld das Gespräch mit Ihrem Steuerberater suchen, damit er Ihnen Ihre steuerliche Situation ausrechnet und Sie vor unliebsamen Überraschungen geschützt sind. Sobald Sie diese Zahlen haben, können Sie den tatsächlichen Gewinn ermitteln.

Gewinnermittlung

Kaufpreis : _____

./. Restdarlehen : _____

./. Vorfälligkeitsentschädigung : _____

./. Steuern : _____

./. ggf. anteilige Maklercourtage : _____

./. Werbekosten : _____

./. sonstige Kosten : _____

= Gewinn/Verlust : _____

Es ist wichtig, alle Kosten, die durch die Vermarktung Ihrer Immobilie entstehen, zu erfassen. Von der ersten Zeitungsannonce bis zum endgültigen Kaufvertrag fallen Gebühren und Kosten an, die Sie genauestens kennen sollten. Berücksichtigen Sie auch Ihre Zeit, die Ihnen durch die Eigenvermarktung abverlangt wird. Vergleichen Sie Kosten, Zeit und Ertrag. Ist der verbleibende Betrag höher als der Preis, den ein erfahrener Immobilienmakler abzüglich seines Honorars für Sie erzielen kann?

3.4 Überzogene Werbeaussagen

3.4 Fehler Nr. 4:
Überzogene Werbeaussagen

„Die ganze Kunst des Redens besteht darin, zu wissen, was
man nicht sagen darf."

George Canning

3.4.1 Verkaufstext

Wenn Sie eine Verkaufsanzeige formulieren, dann versetzen Sie sich in die Lage des Käufers und fragen sich, was Sie am meisten interessieren würde. So haben Sie eine realistische Chance, nicht „am Markt vorbei" zu reden. Reden bzw. schreiben Sie Klartext. Ihre Worte sollen keinen Rhetorikwettbewerb gewinnen, sondern Kaufinteressenten. Besonders akademisch gebildete Immobilienverkäufer benutzen oftmals Begriffe, die vielen „normalen" Bürgern und damit potenziellen Immobilienkäufern fremd sind. Das führt zu unnötiger Verwirrung. Wie gebildet sich einige ausdrücken können, zeigt dieser Satz aus der Landwirtschaft:

„Die voluminöse Expansion subterraner Substanzen
verhält sich reziproportional zu der intellektuellen Ka-
pazität des produzierenden Ökonoms."

Zu Deutsch: *„Die dümmsten Bauern ernten die dicksten Kartoffeln."* Die erste Aussage werden nur die wenigsten verstehen, während die „Übersetzung" von jedermann verstanden wird. Es liegt in der Natur der Sache, dass Verkäufer zu Übertreibungen neigen und mit reißerischen Worten Interessenten für ihr Vorhaben gewinnen wollen.

Doch diese kommen nicht auf der Brennsuppe dahergeschwommen. Einmal zerstörtes Vertrauen lässt sich in der Regel nicht mehr erneuern. Und Vertrauen zerstören Sie mit falschen Versprechungen, deshalb sollten Sie immer bei der Wahrheit bleiben.

Ich möchte Ihnen zeigen, wie in Anzeigentexten für Immobilien getrickst wird. Das, was gesagt bzw. geschrieben wird, ist eine Sache, was gemeint wird, eine andere.

Das versteckt sich hinter den Ankündigungen:

- absolut ruhige Lage = nicht ganz so laut wie sonst
- exzellente Planung = völlig verplanter Grundriss
- perfekte Wohnung = Änderungen sind nicht möglich
- exklusive Lage = in diese Gegend zieht kein Mensch
- Haus in unberührter Natur = mitten auf dem Acker, wo sich Hund und Katze gute Nacht sagen

- großes Naturgrundstück = Achtung, Fläche kann nur mit eigenem Personal (Gärtner) bearbeitet werden

- individuell gebaut = Wohnungszuschnitt völlig daneben
- ruhige Stadtrandlage = nächste Haltestelle 5 km entfernt
- mit Wintergarten = im Winter zu kalt, im Sommer zu heiß

- gute Verkehrsanbindung = Hauptstraße direkt vor der Tür
- Einkaufsmöglichkeiten vor Ort = morgens ab fünf Uhr hören Sie den Lieferlärm des anliegenden Supermarktes

- offene Wohnküche = Lärm und Küchendunst verbreiten sich im ganzen Haus

- gut erhaltenes Haus = nächste Renovierung ist fällig
- Biotop vor dem Haus = Vorsicht: Frösche, Mücken, Fliegen und Mäuse

- Schallschutz nach DIN = nichts Besonderes, ist heute DIN-Standard und Vorschrift

Haben Sie schon einmal einen Computer eines namhaften Computerherstellers gekauft? Dann werden Sie einiges an Unterlagen darüber erhalten haben. Vom bunten Prospekt über umfangreiche Handbücher bis hin zu etlichen Seiten auf einer CD. Habe ich Recht? Die Hersteller unterlassen nichts, um ihre Produkte, die für deutlich unter 1.000 Euro verkauft werden, feilzubieten, weil sie erkannt haben, dass Verkaufen nur so funktioniert. Mir dreht sich der Magen um, wenn ich die Verkaufsanzeigen privater Immobilienverkäufer lese. Sie wollen Objekte für teilweise mehrere hunderttausend Euro verkaufen und knausern bei den Anzeigen, die ihnen die Kunden bringen sollen. Je nach Tageszeitung und Verlag wird eine Anzeige pro Zeile abgerechnet. In meiner Heimatstadt zahlen Sie für eine vierzeilige Anzeige rund 30 Euro. Privatverkäufer haben „Bauchschmerzen", wenn ihnen dieser Betrag in Rechnung gestellt wird. Wie dekadent ist denn das? Wenn über diese Anzeige ein Objekt für 200.000 Euro verkauft wird, liegen die Werbekosten gerade einmal bei 0,01 Prozent!

Natürlich kann kein Verleger garantieren, dass aufgrund einer Anzeige ein Objekt verkauft wird. Deshalb versuchen die Verkäufer ja auch, dort zu sparen, wo es am uneffektivsten ist. Bei den Anzeigenkosten. Statt mehr Geld in die Hand zu nehmen, um mehr Informationen unterzubringen, reduzieren sie die Zahl der Zeilen, um Geld zu sparen. Dabei kommen dann solche Anzeigentexte zum Vorschein:

"HH, A, v. P. EFH, Bj. 80, 95 renov., WF/G. 120/400 qm, 4 ZKB, CP u. WG, gr. Gart .., r. Lage, kind.-frdl. Sauna, KP 210.000 €, p. S. Tel: 1234."

Und, haben Sie es verstanden? Als Käufer einer Immobilie, der sich zum ersten Mal damit beschäftigt, würde ich nichts davon verstehen.

Formulieren wir es einmal so, wie es für jedermann verständlich wäre und somit auch den größtmöglichen Nutzen mit sich bringt:

> *„Hamburg, Altona, sehr schönes Einfamilienhaus mit Carport und Wintergarten, Baujahr 1980, im Jahre 1995 renoviert, Wohnfläche von 120 qm; Grundstück mit 400 qm (4 Zimmer, Küche und Bad), großer Garten, ruhige Lage, kinderfreundliche Umgebung, Sauna, Kaufpreis: 210.000 Euro. Bezugsfrei. Tel. 0000/1234."*

Was glauben Sie, welches Bild drängt sich dem Leser auf, wenn er die erste, verknappte Anzeige liest? Nicht nur, dass er sprichwörtlich Bahnhof versteht, er argwöhnt, dass der Anbieter etwas zu verschleiern hat, weshalb er sich hinter Abkürzungen „versteckt", um rechtlich auf der sicheren Seite zu sein. Überdies werden potenzielle Käufer denken, es mit einem Geizhals zu tun zu haben. Der will mit möglichst wenig Aufwand (hier Anzeigenkosten) den größtmöglichen Betrag kassieren. Nicht, dass Geizhälse schlechte Menschen sind, aber mit ihnen zu verhandeln kann ganz schön nervenaufreibend sein.

Vermeiden sollten Sie in Ihren Anzeigen Begriffe wie

- Gelegenheit
- Schnäppchen
- Sahnestück
- Preis nur …
- Preisvorstellung
- Preis VHB (Verhandlungsbasis)
- Wenn weg, dann weg
- Einmaliger Sonderpreis

Anzeigen von Vermietungsobjekten müssen anders formuliert werden, da Ihre potenziellen Käufer Kapitalanleger sind, die in „Rendite" denken. Für sie sind die Feinheiten, auf die ein Eigenheimbesitzer achtet, sekundär. Es geht zunächst um den Profit, weshalb zu Beginn der Anzeige auch auf die Zielgruppe verwiesen werden muss (am besten in Fettschrift) wie z. B.:

> *„Ideal für Vermieter und Kapitalanleger. Gut vermietete 4-Zimmer-ETW mit Stellplatz in ruhiger Wohnlage von Wuppertal. Gepflegtes Mehrfamilienhaus mit 12 Wohnungen, Baujahr 1995. ETW 1. Stock mit Balkon in Südwestlage, 4 gut aufgeteilte Räume sowie KDB, Wohnfläche 86 qm, Jahresnettomiete 8.230 €. Solventer Mieter. Kaufpreis 132.000 €, provisionsfrei direkt vom Eigentümer, Tel…"*

Sie haben verschiedene Möglichkeiten, einen Verkaufstext zu platzieren. Sie können Anzeigen in regionalen Tageszeitungen schalten, einen Aushang am „Schwarzen Brett" eines Supermarktes tätigen, Handzettel verteilen oder ein Verkaufsschild in den Garten stellen. Ihrer Fantasie sind hier keine Grenzen gesetzt. Wichtig ist nur, dass Sie Ihre Zielgruppe dabei nicht aus den Augen verlieren. So ist es stillos, das „Schwarze Brett" im Supermarkt für einen Aushang zu nutzen, wenn Sie eine Villa verkaufen möchten. Die *betuchte* Kundschaft wird sich kaum Zeit nehmen, die Zettel einer Pinnwand zu studieren. Auch sollten Sie sich nicht zu viel davon versprechen, einen heruntergekommenen Resthof in einer überregionalen, exklusiven Immobilienzeitung zu bewerben. Wie eingangs erwähnt: Versetzen Sie sich in die Lage eines Käufers und Sie werden die richtigen Entscheidungen treffen. So könnten Sie eine Eigentumswohnung mit vier Zimmern sowie Küche und Bad durchaus an einer Pinnwand in einem Kaufhaus für Spielsachen oder Babyartikel aushängen. Junge Eltern mit neuerlichem Zuwachs sind häufig auf der Suche nach einer neuen Bleibe, weil die alte zu klein geworden ist. Eine Villa sollten Sie in Zeitschriften bewerben, die die reichere Klientel mit Informationen versorgt.

Wenn Sie einen Resthof, Bauern- oder Gutshof verkaufen möchten, empfiehlt es sich, z. B. eine Anzeige in einer Zeitung zu inserieren, die das Thema Tier, Natur und Landleben bedient. Heute gibt es fast für alle Themen, Branchen, Berufsgruppen, Verbände und Vereine eigene Zeitungen, Zeitschriften und Online-Portale, die sich hervorragend zur Kontaktanbahnung eignen.

Ich bin der Meinung, dass Sie als Verkäufer alle Werbemöglichkeiten nutzen sollten. In unserer informationsüberfluteten Welt wird es immer schwieriger, wahrgenommen zu werden, weshalb es auch nicht nur das *eine* Werbemittel gibt, das am erfolgreichsten ist. Je mehr Werbekanäle Sie nutzen, desto schneller werden Sie zum Ergebnis kommen und teilweise Überraschendes erleben. Ein befreundeter Maklerkollege erhielt den Auftrag für den Verkauf eines älteren Einfamilienhauses, das im Rahmen einer Nutzungsänderung der Kommune nun in der Einflugschneise eines kleineren Flughafens lag. Mit täglich dreißig Starts und Landungen hielt sich das Geschehen am Himmel in Grenzen (bei größeren Flughäfen wird diese Zahl innerhalb von einer Minute erreicht). Dennoch fand sich niemand, der hier wohnen wollte. Dann kam der Makler auf die Idee, im Internet in einem Portal für Gehörlose zu werben, und siehe da, innerhalb von einer Woche fand sich ein Ehepaar, das dieses Haus, das aufgrund der Lärmbelästigung außergewöhnlich günstig angeboten wurde, kaufte. Beide waren taub. Sie freuten sich, zukünftig das Geschehen am Himmel vom heimischen Garten aus beobachten zu können. Womit einmal mehr bewiesen wurde, dass sich jedes Haus verkaufen lässt. Man muss nur den Richtigen finden.

Einer meiner befreundeten Maklerkollegen aus Mitteldeutschland ist spezialisiert auf den Verkauf von Gewerbeobjekten. Eines Tages wurde er von einem Unternehmer um einen persönlichen Gesprächstermin gebeten. In diesem Termin beauftragte der Geschäftsführer dieses Unternehmens meinen Kollegen mit dem Verkauf einer Lagerhalle von fast 10.000 Quadratmetern, natürlich im Alleinauftrag. Der Kollege fragte nach, ob es irgendjemanden gäbe, dem er das Objekt nicht anbieten dürfe, was der Unternehmer verneinte. Nachdem die Verträge unterzeichnet waren, verließ der Kollege das Unternehmen. Er wollte sich gerade ins Auto setzen, als sein Blick auf das benachbarte Unternehmen, ein überregional tätiges Filialunternehmen, fiel. Schnurstracks lief er in die Firmenzentrale und bat um einen Gesprächstermin. Nach einigem Hin und Her war der Inhaber bereit, mit ihm zu sprechen. Mein befreundeter Maklerkollege bot ihm das Nachbargebäude zum Kauf an. Der Filialunternehmer willigte sofort ein. Wegen der gewaltigen Expansion konnte ihm nichts Besseres passieren als dieses Angebot mit einem Kaufpreis von immerhin 5 Millionen Euro. Zwischen Alleinauftrag und Verkauf der Lagerhallen lag weniger als eine Stunde. Und das nur, weil der Auftraggeber nicht auf die Idee kam, seinem Nachbarn die Immobilie anzubieten. So schnell kann es gehen! Sprichwörtlich kann man nie so doof denken, wie es kommen kann. Ich will damit sagen, dass Sie Ihre Nachbarn auf Ihre Verkaufsabsichten hinweisen müssen, insbesondere dann, wenn Sie Eigentümer einer Eigentumswohnung sind. Es könnte sich jemand darunter befinden, der genau diese Ihre Immobilie gesucht hat. Ganz so wie Goethe es formulierte: *„… Sieh, das Gute liegt so nah."*

Wenn Sie eine Eigentumswohnung als Vermietungsobjekt verkaufen wollen, dann informieren Sie in jedem Fall Ihren Mieter, wozu Sie gesetzlich ohnehin verpflichtet sind. Nur wenn Sie das Gespräch mit ihm suchen, erfahren Sie seine Bedürfnisse. Im besten Fall hat er sogar Interesse an Ihrer Wohnung. Genauso gut können Sie alle anderen Mieter im Haus über Ihre Verkaufsabsichten informieren. Durchaus möglich, dass aufgrund der guten nachbarschaftlichen Verhältnisse ein Mieter zum Wohnungswechsel bereit ist und Ihre Wohnung als Eigentümer übernimmt. So schützt er sich vor einer ungewollten Kündigung seitens des Vermieters. Suchen Sie auch das Gespräch mit dem Hausverwalter oder mit den anderen Eigentümern. Ein Vermieter, der gute Erfahrungen mit seiner vermieteten Eigentumswohnung gemacht hat, könnte durchaus Interesse an einer weiteren Wohnung innerhalb des Mehrfamilienhauses haben.
In meinen Gesprächen erlebe ich es immer wieder, dass Eigenheimbesitzer, die mich mit dem Verkauf ihrer Immobilie beauftragt haben, darum bitten, die Verkaufsabsichten möglichst nicht den Nachbarn mitzuteilen. Die Angst vor deren Gerede ist größer als die Ver-

nunft. Dabei ist allen Beteiligten klar, dass der Verkauf ohnehin bekannt wird, spätestens dann, wenn eine Verkaufsanzeige in der Tageszeitung erscheint. Bis dahin aber wollen viele Verkäufer ihr Vorhaben gegenüber ihren Nachbarn geheimhalten. Das ist sehr unvernünftig. Wie sagt eine alte Redensart so treffend?: *„Einen alten Baum verpflanzt man nicht"*. In der Analogie zur Nachbarschaft ist es doch durchaus vorstellbar, dass ein Nachbar sein Haus den Kindern überträgt, weil sie den Platz eher benötigen als er. So gern, wie sie ihren Kindern etwas Gutes tun, so ungern verlassen sie den Hort ihres bisherigen Lebens. Es fällt ihnen nicht leicht, ihre alte Heimat aufzugeben. Ihr Verkaufsangebot könnte hier helfen. Der Nachbar erwirbt Ihr Haus und alle sind zufrieden.

„Was passiert, sinnst du nicht aus", sagte Goethe. Tatsächlich bewegt sich etwas, wenn wir uns bewegen. Deshalb gilt: Denken Sie nicht für andere Menschen. Denken Sie nur für sich. Sie wollen Ihr Haus verkaufen, weshalb Sie alle Mittel und Wege auf legalem Weg nutzen sollten, hier schnellstmöglich einen Käufer zu finden. Zerbrechen Sie sich nicht Kopf darüber, was andere über Ihr Vorhaben denken. Handeln Sie, und dann können Sie buchstäblich über Nacht einen Käufer finden. Dann nämlich, wenn Sie z. B. den Mut haben, eine Wochenend-Party zu veranstalten. Laden Sie an diesem Abend alle Ihnen wohlgesonnenen Nachbarn auf einen gemütlichen Abend ein und erzählen Sie im richtigen Moment von Ihren Absichten. So haben Sie auf einen Schlag alle informiert. Ich weiß von Beispielen zu berichten, wo am selben Abend die Immobilie verkauft werden konnte. Der Gang zum Notar war dann nur noch eine Formalie und eine Sache von wenigen Tagen.

3.4.2 Exposé

„Ich bin der schlechteste Verkäufer der Welt – darum muss ich es den Kunden einfach machen, bei mir zu kaufen."

Frank W. Woolworth

Man zeigt Ihnen Fotos von einer gemeinsam besuchten Veranstaltung. Bevor Sie das Foto in Gänze betrachten, suchen Sie als Erstes nach sich. *„Wo bin ich?",* ist die wichtigste Frage beim Betrachten eines Gemeinschaftsfotos. Sobald Sie sich entdeckt haben, sind Sie offen für den großen Rest des Bildes. Wir Menschen sind so strukturiert, ob es uns gefällt oder nicht. Dieser unbewusste „Trieb" zieht sich durch unser gesamtes Leben, also auch durch unseren Alltag. Machen Sie sich diese Erkenntnis zu Nutze und erstellen Sie das Exposé so, dass das Besondere an diesem Objekt sichtbar wird. Der Betrachter, also Ihr Interessent, sucht beim Betrachten des Exposés nicht sich als Person, sondern den besonderen Nutzen, den Sie mit Ihrem Angebot unterbreiten. Arbeiten Sie das Besondere an Ihrem Objekt so heraus, dass es sofort sichtbar wird. Das fesselt den Leser, weshalb er weiterblättert. Achten Sie bei der Platzierung von Botschaften immer darauf, dass das Wichtigste oben rechts steht. Es ist wissenschaftlich erwiesen, dass unsere Augen als erstes immer nach rechts oben schauen. Egal, ob es sich um ein Angebot, eine Zeitung oder das Internet handelt.

Marketing-Spezialisten würden so wichtige Botschaften kommunizieren (rote Ecke)

Das Exposé-Deckblatt enthält neben dem Besonderen, also dem Alleinstellungsmerkmal, die wichtigsten Daten:

Stilvolles Landhaus mit Einliegerwohnung

Oldenburg-Nordmoslesfehn

Objekt-ID: 1497565

Anzahl Zimmer	8
Wohnfläche ca.	240 m²
Grundstück ca.	1.372 m²
Baujahr ca.	1927
Kaufpreis	250.000 €

DIE OBJEKTIVEN
IMMOBILIEN

Staulinie 3 • 26122 Oldenburg
Tel.: 0441 – 9 57 23 20 • www.dieobjektiven.de

Das Besondere könnte sein:

- Bauweise (z. B. ebenerdig, was für viele Senioren von Vorteil ist)
- Ausstattung (Kamin, Wintergarten, Sauna, Keller)
- Lage (ruhige Seitenstraße, zentrumsnah, im Grünen; aber auch eine gute Autobahnanbindung kann z. B. aus beruflichen Gründen wichtig sein)

Fesseln Sie den Leser mit jeder Seite. Achten Sie auf saubere, klare Darstellung von Texten und Bildern:

Außenaufnahmen

Historische Fassade mit repräsentativem Säuleneingang

Großzügiges Grundstück mit altem Baumbestand

Wintergarten mit vorgelagertem Terrassenbereich

DIE OBJEKTIVEN
IMMOBILIEN

Staulinie 3 • 26122 Oldenburg
Tel.: 0441 – 9 57 23 20 • www.dieobjektiven.de

Den Außenaufnahmen folgen Fotos von Innenräumen:

Innenaufnahmen

Lichtdurchfluteter Wohnbereich mit gemütlichem Kamin

Wohnküche   Designerbad

DIE OBJEKTIVEN
IMMOBILIEN

Staulinie 3 • 26122 Oldenburg
Tel.: 0441 – 9 57 23 20 • www.dieobjektiven.de

„Fangen" Sie den Betrachter durch überraschende Bilder, die er in einem Exposé nicht unbedingt erwartet hätte:

Impressionen

Wunderschön angelegter Garten mit romantischem Zierteich

Foyer

Stilvoller Kamin mit
Stuckelementen

Den Blick genießen!

DIE OBJEKTIVEN
IMMOBILIEN

Staulinie 3 • 26122 Oldenburg
Tel.: 0441 – 9 57 23 20 • www.dieobjektiven.de

„Blaue Stunde"

Stimmungsvolle Bilder erhöhen die Aufmerksamkeit des Betrachters, wie z. B. Aufnahmen zur „blauen Stunde". Die Zeit der Dämmerung zwischen Sonnenuntergang und nächtlicher Dunkelheit sowie die Zeit kurz vor Sonnenaufgang werden als „blaue Stunde" bezeichnet. Während dieser Zeit besitzt der tiefblaue Himmel in etwa dieselbe Helligkeit wie das künstliche Licht von Gebäude- und Straßenbeleuchtung.

Aufnahmen „zur blauen Stunde":

Beeindruckendes Architektenhaus mit Büro in ruhiger Wohnlage
Oldenburg-Kreyenbrück
Objekt-ID: 1512106

Anzahl Zimmer	6
Wohnfläche ca.	200 m²
Grundstück ca.	990 m²
Baujahr ca.	1993
Kaufpreis	225.000 €

DIE OBJEKTIVEN
IMMOBILIEN
Staulinie 3 • 26122 Oldenburg
Tel.: 0441 – 9 57 23 20 • www.dieobjektiven.de

Im Zeitalter des Internets ist es ein Leichtes, die Lage einer Immobilie im Vorfeld zu checken. Mit einem Klick können sich potenzielle Immobilienkäufer einen Überblick verschaffen. Dennoch sollte ein Exposé auch den „guten alten" Lageplan enthalten. Nicht jeder weiß um die Möglichkeit des Internet und es soll auch noch Kaufinteressenten geben, die dieses Medium nur bedingt nutzen.

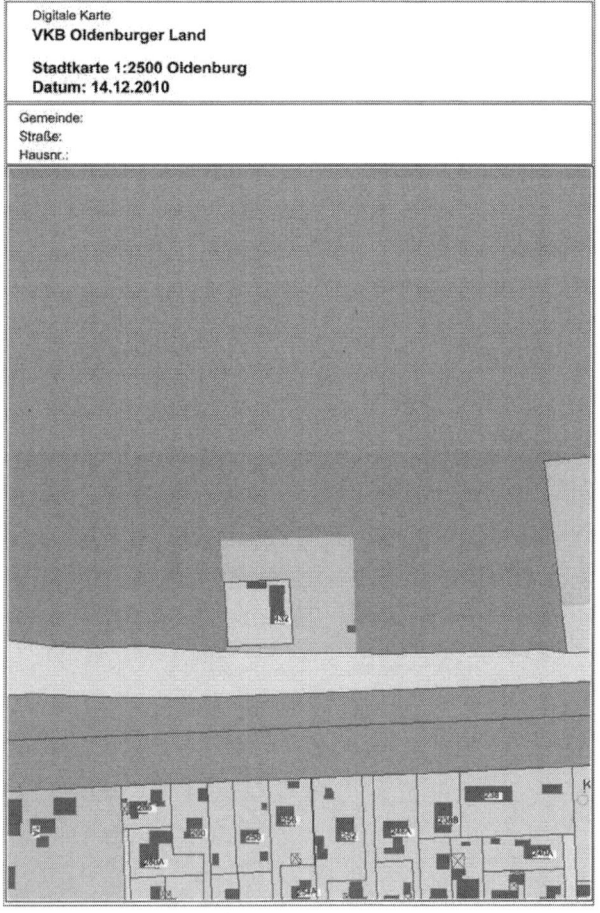

Der Lageplan, gekonnt in Szene gesetzt, ist eine einmalige Gelegenheit, den „gefühlten" Nutzwert der Immobilie zu erhöhen.

Markieren Sie in diesem Lageplan wichtige Punkte, die für Kaufinteressenten von Nutzen sein können: Ortskern bzw. Zentrum, Lebensmittelmärkte, Ärzte, Schule, Kindergarten etc. pp. Bitte nicht alles markieren. Orientieren Sie sich an Ihrer Zielgruppe. Junge Familien wünschen die Nähe zur Schule. Senioren halten eher nach Begegnungsstätten, aber auch nach Ärzten oder Krankenhäusern Ausschau.

Im Internet-Zeitalter macht es sich meines Erachtens gut, wenn Sie Ihre Immobilie aus der „Vogelperspektive" zeigen (Google Earth; (Achtung: Copyright beachten).

(Quelle: luftbilder.immowelt.de)

Gefolgt von einem Bild aus der „Froschperspektive":

… und Bilder in unmittelbarer Nähe zum Objekt:

Wenn Sie Bilder von Dritten verwenden, z. B. Google Street View, klären Sie unbedingt ab, ob Sie diese Bilder auch verwenden dürfen. Die Verletzung eines Urheberrechts ist kein Kavaliersdelikt und wird mit hohen Geldstrafen geahndet. Daher gilt: Lieber einmal zu viel als einmal zu wenig nachgefragt.

Im Exposé finden sich natürlich auch die Bauzeichnungen in zweifacher Ausfertigung: mit und ohne Maße. Der Betrachter möchte sich auf die Immobilie einstimmen. Das ist mit einer kolorierten Zeichnung, wie Sie sie hier sehen, am ehesten zu erreichen. Zahlen würden hier nur stören.

Kolorierte Zeichnungen erhöhen die Wirkung:

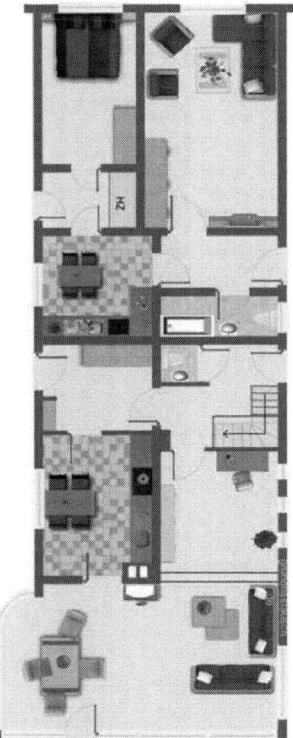

Erdgeschoss

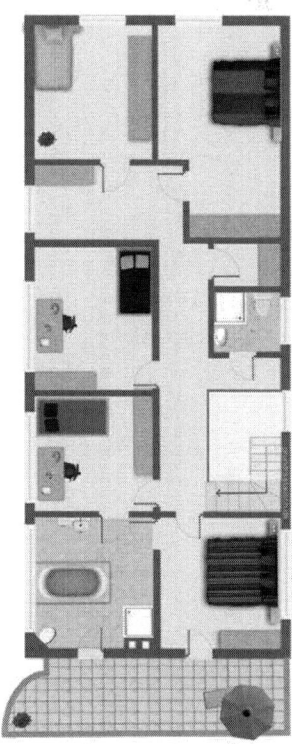

Obergeschoss

Bauzeichnung mit Maßangaben:

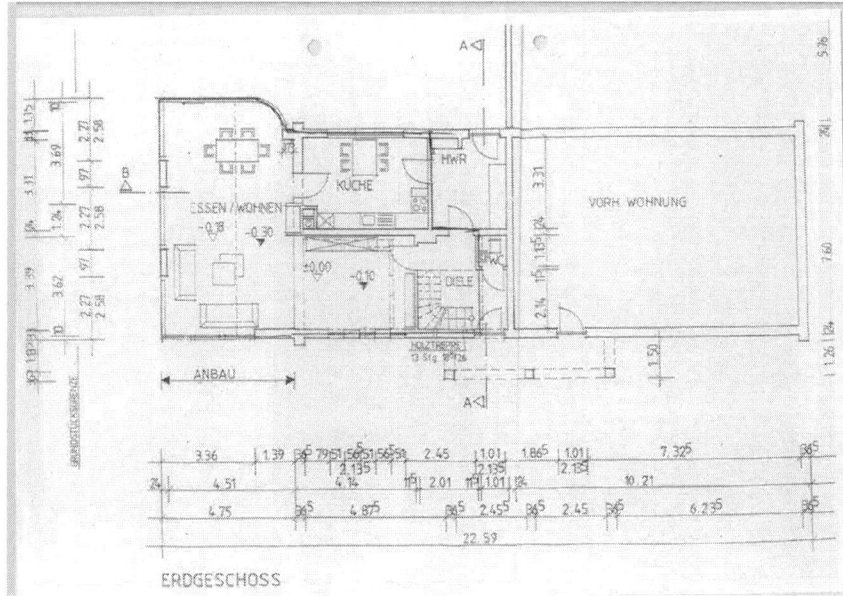

Wenn Sie ein Doppelhaus oder ein Reihenhaus verkaufen, dann zeigen Sie bitte nicht einen Bauplan von der gesamten Anlage mit einem Hinweis, an welcher Position sich Ihre Immobilie befindet. Nehmen Sie stattdessen nur Ihr Haus, um den Betrachter nicht zu verwirren.

So nicht:

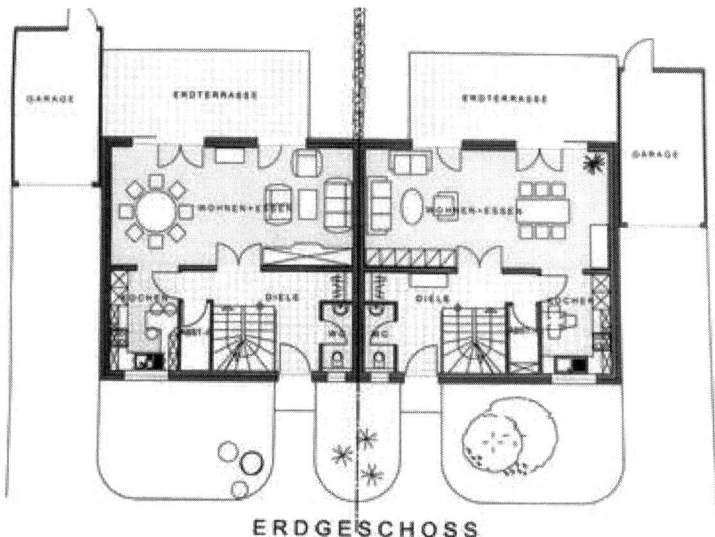

ERDGESCHOSS

Sondern so:

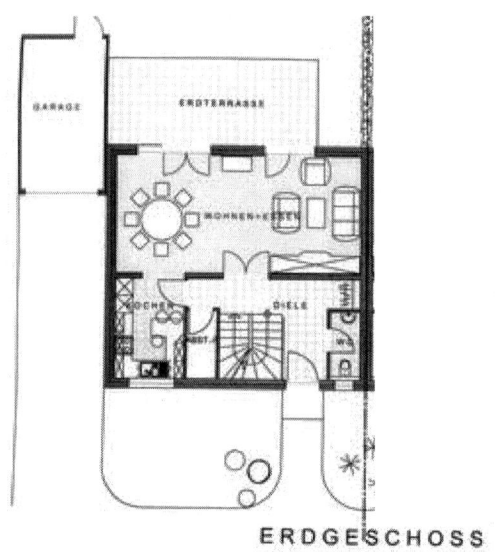

ERDGESCHOSS

Fassen Sie auf der letzten Seite des Exposés noch einmal die wesentlichen Daten kurz zusammen. Denken Sie dabei an Ihren letzten Urlaub mit einem Flieger. Wenn die Tür zum Cockpit offen stand, konnten Sie den Piloten bei ihrer Arbeit über die Schulter schauen. Bevor die Triebwerke angelassen wurden, gingen Pilot wie Co-Pilot eine Checkliste durch. Kein Buch, sondern nur ein Papier, auf dem die wichtigsten Dinge zusammengefasst wurden. Erstellen Sie eine solche Liste, damit der Leser noch einmal alle wichtigen Informationen zu Ihrer Immobilie vermittelt bekommt. Am Ende dieser Liste steht natürlich Ihre Adresse mit Ihrer Telefonnummer, im Idealfall auch mit einer Handy-Nummer. Das ist wichtig. Der Verkauf hat in diesem Moment die Priorität Nr. 1.

 *Grundsätzlich gilt: Je schwächer die Darstellung Ihrer Immobilie, desto stärker ist die negative Wirkung auf den Verkaufspreis.*

3.5 Mangelnde Erreichbarkeit

3.5 Fehler Nr. 5: Mangelnde Erreichbarkeit

„Widerspruch und Schmeichelei machen beide ein schlechtes Gespräch. "

Goethe

3.5.1 Gesprächsvorbereitung

Dass Sie Ihre Immobilie aus dem Effeff kennen, wird niemand bestreiten. Insofern fühlen sich viele Verkäufer so sicher, dass sie unvorbereitet in ein Verkaufsgespräch gehen. Ein Fehler, der sich schnell rächen kann. Auf diese Fragen sollten Sie immer eine passende Antwort parat haben:

- Hat Ihr Haus zwei- oder dreiadrige Stromleitungen? Wie sind diese abgesichert?
- Wie ist das Mauerwerk aufgebaut – ein- oder zweischalig; mit oder ohne Dämmung? Art der Dämmung?
- Wie ist das Dach gedämmt? Wie alt sind der Dachstuhl und die Eindeckung? Aus welchem Material sind Ziegel und Regenrinnen?
- Bauart und Alter der Fenster? Rollläden aus Kunststoff oder Aluminium? Mit oder ohne elektrischen Antrieb?
- Woraus bestehen die Wasserleitungen? (Kupfer, Stahl, Aluverbund, Blei)?
- Alter und Fabrikat Ihrer Heizung? Mit oder ohne Warmwasserbereitung?

- Wie hoch ist der Energiebedarf Ihres Hauses?
- Ist der Keller trocken?
- Wann war die letzte große Reparatur?

Häufig stellen Anrufer die Frage, warum Sie verkaufen. Hier sollten Sie nicht zu viel Persönliches preisgeben. Überlegen Sie im Vorfeld, was Sie auf diese Frage antworten werden.

Es gibt zwei Regeln für effektives Verhandeln: 1. Welche Informationen Sie bedenkenlos preisgeben können, und 2. welche eben nicht, solange Sie mit jemandem sprechen, der nicht hundertprozentig Ihre Interessen vertritt. Wichtig ist, dass Sie jeden einzelnen Punkt durchdenken, und zwar bevor er ausgesprochen wird. Was Sie sagen, kann und wird der Käufer zu seinem Vorteil auslegen. Also sagen Sie nicht mehr als Sie müssen.

Sobald Sie Ihre Anzeige geschaltet haben, werden schnell die ersten Anrufer in der Leitung sein. Viele fragen sofort nach der Adresse. Diese sollten Sie nicht sofort preisgeben. Sie wissen nicht, wer Sie anruft. Es gibt auch Menschen, die ganz andere Absichten haben (z. B. Daten sammeln für den nächsten Wohnungseinbruch). Fragen Sie nach Namen, Anschrift und Telefonnummer. Dann sagen Sie dem Anrufer, dass Sie ihm ein Exposé zusenden werden. Ein ehrlicher Anrufer wird damit kein Problem haben, andere schon. Denn jetzt stellt sich heraus, ob die angegebene Anschrift auch zutrifft.

Natürlich sollen Sie nicht überängstlich sein, sondern nur vorsichtig. Wenn Sie ein gutes Gefühl haben, dann dürfen Sie dem Anrufer schon die Daten liefern, nach denen er fragt. Sie dürfen ihn aber auch etwas fragen. Fragen Sie ihn nach seinen Beweggründen, warum er Ihr Haus interessant finden könnte. Überdies sollten Sie unbedingt klären, was für ihn wichtig ist. Verlangt er nach einem Wintergarten, den Ihr Haus nicht hat, kann dieses Gespräch einen anderen Verlauf nehmen. Gehen Sie sparsam mit Ihrer Zeit um. Ich weiß, dass Sie sich über jeden Anrufer freuen, doch vertrödeln Sie Ihre Zeit nicht mit „aussichtslosen" Anrufern, weil Sie sich einbilden, diese auf Linie bringen zu können, so nach dem Motto: *„Der will zwar einen Wintergarten, aber ich werde ihm das schon ausreden."* Das wird nicht funktionieren. Schade um die vergeudete Zeit.

Klären Sie mit dem Anrufer auch, was für ihn ein absolutes „no go" ist. Wenn Sie in Ihrer Anzeige von einer verkehrsgünstigen Lage gesprochen haben, kann ein Anrufer dennoch Probleme damit haben, wenn der Linienbus direkt vor Ihrer Haustür hält.

Durch diese Art der Gesprächsführung selektieren Sie im Vorfeld „aussichtslose" Bewerber aus. Somit können Sie sich viel effektiver um die aussichtsreicheren Kandidaten kümmern.

Wichtig ist, an dieser Stelle bereits die Motivation des Käufers zu kennen. Niemand kauft eine Immobilie grundlos. Versuchen Sie durch eine geschickte Gesprächsführung (die ich an dieser Stelle nicht näher ausführen kann, da jeder seine eigene Rhetorik hat) die Kaufmotive Ihres Gesprächspartners zu ergründen. Je mehr Informationen Sie vom Interessenten haben, desto zielgerichteter können Sie argumentieren und den Interessenten auf die Dinge hinweisen, die für ihn wichtig sind. Einige Beispiele, wie so ein Gespräch ablaufen könnte, finden Sie in Kapitel 6.

3.5.2 Erreichbarkeit

„Die Leute, die niemals Zeit haben, tun am wenigsten."

Georg Christoph Lichtenberg

Nur am Samstag gibt es in fast allen Tageszeitungen den umfangreichsten Immobilienteil der Woche. Deshalb darf Ihre Anzeige hier nicht fehlen. Doch macht es wenig Sinn, diese zu schalten, wenn Sie just an diesem Wochenende nicht zu Hause sind. Es ist unklug, sich so zu verhalten. Wenn Telefonate ins Leere laufen, ist das alles andere als vertrauenerweckend. Sie sollten zumindest am Tag der Anzeigenschaltung persönlich erreichbar sein. Später können Sie die Anrufer durch eine telefonische Weiterschaltung an eine Person Ihres Vertrauens weiterleiten, die dann die Daten des Anrufers entgegennimmt und einen Rückruftermin vereinbart. Dieses Vorgehen am Tag der Anzeige ist dagegen „unseriös".

Auch der Versuch, ankommende Gespräche über einen Anrufbeantworter abzufangen, ist alles andere als intelligent. Nur die wenigsten Anrufer werden hier eine Nachricht hinterlassen.

Fazit: Sie wollen verkaufen, also müssen Sie auch anwesend sein.

Im Gespräch mit Interessenten sollten Sie unbedingt in Erfahrung bringen, was genau gesucht wird. Die Frage nach den Personen, die einziehen wollen, klärt, ob Ihr Haus groß genug ist, um den Ansprüchen des Anrufers zu genügen. Überdies sollten Sie auch klären, ob bestimmte Anforderungen gewünscht werden und wann frühestens ein Umzug geplant ist. Auf diese Weise können Sie schnell prüfen, ob der Anrufer wirklich interessiert ist und sich somit Ihr Aufwand für einen Besichtigungstermin lohnt.

3.6 Schlechte Terminplanung

3.6 Fehler Nr. 6: Schlechte Terminplanung

„Der eine wartet, dass die Zeit sich wandelt. Der andere packt sie kräftig an und handelt."

Dante Alighieri

3.6.1 Verkaufsdauer wird unterschätzt

Wir alle kennen die Redensart *„vom Regen in die Traufe kommen"*. Genau das passiert Hausbesitzern viel öfter als gemeinhin angenommen, wenn sie von einem ins andere Haus umziehen wollen. Wer sich mit dem Gedanken trägt, ein neues Haus zu kaufen und das bestehende dazu verkaufen muss, steht vor der existenziell so wichtigen Frage, ob erst gekauft und dann verkauft werden soll. Wenn Sie kaufen, bevor Sie verkauft haben, gehen Sie das Risiko ein, Besitzer zweier Häuser zu sein (oder zu werden). Verkaufen Sie zuerst, finden zeitgleich aber kein neues Objekt, sind Sie buchstäblich heimatlos. Experten sprechen vom Paradoxon im Immobilienbereich.

 *In Sachen Immobilien ist immer viel Geld im Spiel. Deshalb vermeiden Sie es besser, einen Kaufvertrag für ein neues Haus abzuschließen, solange Sie noch Abträge (Kreditraten) auf das alte leisten müssen. Andernfalls werden Sie am Ende zu einem Verkäufer, der bei der ersten sich bietenden Gelegenheit schnell (eventuell sogar verzweifelt) zuschlägt.*

Die nötige Zeit in Sachen Immobilienverkauf ist abstrakt und damit relativ. Es ist ein wenig so wie Albert Einstein es formulierte: *„Wenn man zwei Stunden lang mit einem Mädchen zusammensitzt, meint man, es wäre eine Minute. Sitzt man jedoch eine Minute auf einem heißen Ofen, meint man, es wären zwei Stunden. Das ist Relativität."*

Wenn Sie einen Hamburger Millionär danach fragen, wie lange er gebraucht hat, seine Villa am Elbufer für 3 Millionen zu verkaufen, wird er weniger Zeit dafür aufgewendet haben als ein Verkäufer mit einer vergleichbaren Immobilie in Görlitz an der Lausitzer Neiße. Ausnahmen bestätigen die Regeln. Ähnliches passiert hier in meiner Heimatstadt Oldenburg. Wohnimmobilien jenseits der Eine-Million-Euro-Grenze sind eher selten. Käufer dafür auch. Wer nun ein solches Prestigeobjekt verkauft, wird für gewöhnlich etwas mehr Zeit einkalkulieren müssen. Wer dagegen ein „praktisches", familiengerechtes Einfamilienhaus auf einem überschaubaren Grundstück verkaufen möchte, trifft hier auf deutlich mehr Interessenten, weshalb der Verkauf schneller möglich ist.

Landwirtschaftlich genutzte Immobilien, Resthöfe, nicht renovierte Gutshäuser oder Einfamilienhäuser in einer 600-Seelen-Gemeinde haben eines gemeinsam: Die Käufer stehen nicht Schlange, weshalb Verkäufer eine längere Verkaufsdauer einplanen müssen als bei Objekten, wo Interessenten Schlange stehen. Letzteres ist schön, garantiert aber auch nicht immer einen schnelleren Verkauf, wenn der Verkäufer im wahrsten Sinne des Wortes seine „Hausaufgaben" nicht erledigt hat.

Die nötige Zeit für einen Immobilienverkauf wird häufig stark unter- und auch überschätzt. Beides kann fatale Folgen haben! Wer glaubt, den Verkauf seines Hauses in vier Wochen abwickeln zu können, kommt schnell unter Druck, wenn der angepeilte Umzugstermin näher rückt und noch kein Käufer gefunden ist. Unter Druck ist der Verkäufer regelmäßig in der schlechteren Verhandlungsposition. Aber auch ein zu langer Verkaufszeitraum drückt den Preis! Eine Immobilie, die seit einem halben Jahr oder sogar länger angeboten wird, erweckt bei Interessenten den Eindruck eines Ladenhüters. Und wer möchte schon ein Haus kaufen, das sonst offensichtlich keiner haben will!

Wenn Sie das Buch bis zu dieser Stelle gelesen haben, dann haben Sie einen Eindruck von den umfangreichen Arbeiten, die im Vorfeld zu erledigen sind. Je nach Zustand Ihres Hauses brauchen Sie dafür mal mehr, mal weniger Zeit. Doch diese Zeit müssen Sie sich nehmen, damit Ihr Objekt von Anfang an eine gute „Figur" macht. Der Markt ist knallhart und verzeiht nichts. Ihre Immobilie ist so individuell wie Ihr Fingerabdruck, deshalb lässt sich an dieser Stelle nicht seriös beantworten, wie viel Zeit es braucht, um Ihre Immobilie zu verkaufen. Vielfach erwähnte ich, dass Sie im Vorfeld Informationen zusammentragen sollten, also sich auch Vergleichsobjekte anschauen. Haken Sie hier einige Zeit später noch einmal nach. Dann werden Sie erfahren, ob das Objekt noch zu haben ist oder bereits verkauft wurde. Je öfter Sie ein *„Tut uns Leid, es ist verkauft..."* hören, desto größer ist die Chance, Ihre Immobilie zeitnah verkaufen zu können. Wobei ich an dieser Stelle auch auf äußerliche Einflüsse verweisen möchte, die sich u. U. negativ auf die Verkaufszeit auswirken können. Terrorangriffe (wie z. B. im September 2001 in den USA), Rezessionen und Finanzkrisen (2008) oder politisch motivierte Gesetzveränderungen (Streichung der Eigenheimzulage) wirken sich kurzfristig aus, häufig zum Nachteil des Marktes und damit auf die Preise. Wie lange die Korrekturen andauern, weiß niemand. Nach Ausbruch der Finanzkrise in 2008 hielten sich die Menschen rund um den Globus mit Investitionen zurück. Deshalb wurden auch weniger Immobilien nachgefragt. Dann beruhigte sich die Situation, die Menschen kamen zurück auf den Boden der Tatsachen und erkannten, dass Geldwerte alles andere als sicher sind. Also flüchteten sie in Sachwerte wie Gold, Aktien und Immobilien. Die Preise und Kurse dieser Kapitalanlagen eilten fortan von einem Höchststand zum nächsten. Gut für Verkäufer, schlecht für Käufer.

Wie gesagt, seriöse Prognosen in Sachen Verkauf sind von hier aus unmöglich, weshalb die folgende Grafik lediglich zur Orientierung dient.

Zeitspanne von der Verkaufsidee zur Vertragsunterschrift:

Ver-kaufs-idee	Plan-phase	Verkaufs-vorbereitung	Aktive Verkaufsphase	Beur-kundung	Zahlphase	Über-gabe
1 Wo.	1 Wo.	4 Wochen	8 Wochen	2 Wochen	6 Wochen	1 Wo.

← —————————————— 28 Wochen —————————————— →

(Anm.: Verkaufsvorbereitung meint all die Arbeiten wie Renovierung, Mängelbeseitigung etc., die in dieser Zeit zu erledigen sind. Die Beurkundung dauert natürlich nur ein paar Stunden. Doch die Terminvergabe nebst Vorgespräch und spätere Kontrolle der Vertragsunterlagen ergeben erfahrungsgemäß diese Zeitspanne. Nach Vertragsunterschrift erhält der Käufer ein Zahlungsziel, welches Sie zuvor vereinbart haben. Ist eine finanzierende Bank beteiligt, dann dauert es bis zu 6 Wochen, bis das Geld auf Ihrem Konto hinterlegt wurde.)

Diese Zahlen mögen Sie überraschen, aber es ist besser, im Vorfeld überrascht zu sein als später. Eine zu geringe Zeitplanung wird Sie genauso unter Druck setzen wie eine zu lange. Nur weil der Umzugstermin in vier Wochen bevorsteht, heißt es nicht, dass Sie, trotz allen positiven Denkens und Betens, den Käufer in dieser Zeit finden. Je näher der Auszugstermin rückt, desto eher sind Sie dann geneigt, im Preis nachzulassen. Das ist verständlich, aber nicht ganz ungefährlich. Weiter vorne haben Sie lesen können, welche Kosten auf Sie als Verkäufer unter Umständen zukommen. Muss z. B. eine Vorfälligkeitsentschädigung an die Bank gezahlt werden, wird jeder Preisnachlass die Gewinnsituation verschlechtern.

Auch ein zu langer Verkaufszeitraum ist „Gift" für den Kaufpreis. Wenn für das Objekt noch monatliche Kreditraten zu zahlen sind und unter Umständen bereits ein anderes Haus gekauft wurde, das ebenfalls bezahlt werden muss, kann es finanziell sehr eng werden.

Studien haben ergeben, dass es schwieriger ist, ein bereits leerstehendes Haus zu verkaufen. Es wirkt verloren, vergessen und wenig ansprechend. Es könnte Sie sogar Geld kosten. Wenn Sie umziehen, zeigen Sie Kaufinteressenten damit, dass Sie bereits ein neues Haus haben und nun motiviert sind, möglichst schnell zu verkaufen. Dies könnte dem Käufer am Verhandlungstisch einen Vorteil verschaffen.

Immer wieder erlebe ich unschlüssige Verkäufer, die vor der Frage stehen, ob sie erst ihr Haus verkaufen sollen, um danach ein neues zu kaufen. Oder sollten sie erst ein neues Haus kaufen und dann ihre „alte" Immobilie feilbieten? Diese Frage lässt sich meines Erachtens nicht beantworten. Wenn Sie kaufen, bevor Sie verkaufen, dann können Sie für eine gewisse Zeit zwei Immobilien besitzen. Das ist so lange kein Problem, wie Sie die Zahlungen leisten können und die Kosten nicht aus dem Ruder laufen. Verkaufen Sie Ihr Objekt, ohne ein neues zu haben, müssen Sie für eine Zeit „unterkommen". Sie können ja nicht unter einer Brücke schlafen. Teuer wird es dann, wenn Ihr gesamter Hausstand in Containern aufbewahrt und eingelagert werden muss. Letztlich ist es eine Gefühls- und Rechenfrage. Wer gefühlt besser damit leben kann, erst das Geld auf dem Konto zu haben und sich dann in aller Ruhe nach einer neuen Immobilie umzusehen, sollte genau das tun und sich nicht von Dritten diesbezüglich bequatschen lassen. *„Der Wahn ist kurz, die Reue lang"*, unkt ein Sprichwort. Wer wider seine Gefühle handelt, bekommt meistens eins auf die Nase.

Ich bin mir sicher, dass ein Teil der Probleme abgefedert werden kann, solange ausreichend Zeit für die Planung aufgewendet wird. Wenn Sie heute wissen, dass Sie Ihr Haus verkaufen wollen, dann haben Sie dafür Gründe. Ist es z. B. ein beruflich erzwungener Wechsel, dann spricht doch nichts dagegen, sich in die Planungsphase zu begeben und zwei Dinge gleichzeitig zu tun: den Verkauf des Hauses anzuschieben und sich um die Anschaffung eines neuen zu kümmern. In jedem Fall haben Sie Zeit, selbst wenn der berufliche Umzug schon früh ansteht. Auch ein solcher Umzug will geplant sein, und der Grund dafür kommt mitnichten über Nacht. Es sei denn, Sie sind arbeitslos und erhalten ein Angebot, welches Sie übermorgen schon annehmen müssen. Ich will das hier nicht vertiefen, aber dann empfiehlt es sich doch, zunächst einmal alle fünfe gerade sein zu lassen und sich auf die neue Arbeit zu konzentrieren, statt gleichzeitig Haus und Hof zu verkaufen.

Wer erst verkauft und dann neu kauft, steht weniger unter Druck. Es kann sogar sein, dass der Käufer Ihrer Immobilie gar nicht sofort einziehen möchte. Wir haben in Deutschland Vertragsfreiheit. So können Sie ohne Probleme eine Vereinbarung treffen, wonach Sie noch einige Monate als „Mieter" im ehemaligen Eigenheim wohnen können. So können Sie in aller Ruhe nach einer neuen Immobilie Ausschau halten und haben keinen Kostendruck im Nacken.

3.6.2 Vorbereitungszeit wird unterschätzt

*„Planung bedeutet, den Zufall durch
den Irrtum zu ersetzen. "*

Sir Peter Ustinov

Die Rede ist von der Zeit, die Sie benötigen, um zum einen die dringend erforderlichen Reparaturen und zum anderen die kosmetischen Arbeiten durchzuführen. *„Das Auge isst mit"*, sagen Köche, weshalb ein Fünf-Sterne-Menü schön und überschaubar auf einem angewärmten Teller angerichtet wird. Natürlich könnte man dieses wunderbare Essen auch „normal" servieren, doch dann ließe sich ein Preis von 80 Euro je Menü kaum durchsetzen. Verstehen Sie diesen Vergleich als Anregung, Ihr Haus aus einer anderen Perspektive zu betrachten. Sie haben sich an alles gewöhnt oder, wie Maler zu sagen pflegen: *„Das guckt sich weg"*. Vielleicht haben Sie es schon einmal erlebt. Sie streichen eine Wand und auf dem letzten tellergroßen Stück geht die Farbe aus. Die Wand, vorher weiß, sollte eigentlich heute mit einem gelben Farbton komplett gestrichen werden. Nun muss die Restarbeit auf den nächsten Tag verschoben werden, weil dann die Geschäfte wieder öffnen. Es bleibt bei dieser Absicht. Aus den Augen, aus dem Sinn. Natürlich wird kein Topf Farbe gekauft, um wenige Zentimeter zu überstreichen. Also bleibt es, wie es ist. Und je länger sich niemand darum kümmert, desto schneller verschwindet dieser Makel aus unserem Bewusstsein. Sie haben sich an diesen kleinen Fleck in der Ecke gewöhnt. Er stört Sie nicht mehr. Wohl aber einen Interessenten, der das natürlich als Erstes sieht, sobald er das Zimmer betritt. Vertrauenerweckend wirkt eine solche Arbeit natürlich nicht.

Deshalb ist es so wichtig, sich die Zeit zu nehmen, um alle offensichtlichen „Problemfälle" zu beseitigen. Je weniger der Kunde abgelenkt wird, desto mehr kann und wird er sich für Ihr Objekt erwärmen. Diese Vorarbeiten sind häufig sehr aufwendig und nicht in aller Kürze zu erledigen. Anstriche müssen ggf. zweimal durchgeführt werden. Zuvor müssen vielleicht alte Farb- oder Tapetenreste beseitigt werden. Je nach Wetterlage und Jahreszeit können Außenarbeiten nur bedingt ausgeführt werden.

Stehen dann noch wichtige Familienfeiern ins Haus wie Konfirmation der Kinder, Hochzeiten, Jubiläen der Eltern oder Ähnliches, die unter Umständen sogar noch in dieser Immobilie veranstaltet werden sollen, verzögert das ebenfalls den Zeitplan. Also auch hier genau hinschauen, welche Termine übers Jahr anstehen.

Der größte Fehler, den Sie als Verkäufer machen können, ist, sich ausschließlich auf Ihr eigenes Urteilsvermögen zu verlassen. Zögern Sie nicht, andere nach ihrer ehrlichen Meinung zu fragen. Gehen Sie mit den guten Seiten Ihres Hauses genauso objektiv um wie mit den schlechten. Das ist in jedem Fall besser, als mitzuerleben, dass sich ein Kaufinteressent – mit Verlaub – angewidert abwendet, weil er sich bei der Besichtigung der Kellerräume in alte Spinnenweben verwickelt.

4. Die Immobilie für den Verkauf vorbereiten

4. Die Immobilie für den Verkauf vorbereiten

„Augenschein ist aller Welt Zeugnis."

Deutsches Sprichwort

„Für den ersten Eindruck gibt es keine zweite Chance", weiß der Volksmund. Der erste Eindruck ist noch immer der entscheidendste, egal, ob Sie einen Menschen das erste Mal treffen oder jemandem das erste Mal eine Sache präsentieren. Um Letzteres geht es, wenn Sie Ihre Immobilie präsentieren. Auch hier gibt es meines Erachtens keine zweite Chance. Schon der Weg zur Klingel wirkt auf den Interessenten. Wenn so, wie in diesem Bild, der Weg unnötig verbaut ist und Dinge herumstehen, die nicht dorthin gehören, reduziert das die Verkaufschancen erheblich:

Der gewissenhafte Immobilienverkäufer sorgt für eine gepflegte Außenanlage. Der Rasen ist gemäht, das Unkraut gejätet, der Weg rund ums Haus gefegt. Er achtet darauf, dass nicht nur die Klingel funktioniert, sondern auch das Licht im Treppenhaus. Überdies ist der Briefkasten mit Namensschild in einem ordentlichen Zustand. Alles Kleinigkeiten, aber seien Sie sicher, darauf achten Kaufinteressenten.

Anhand des Zustandes der Außenanlagen schließen Kaufinteressenten häufig auf das Innere der Immobilie, weshalb sie ihre Entscheidung zur Besichtigung der Immobilie davon abhängig machen. Je gepflegter die Außenanlage, desto größer ist das Interesse an einem Besichtigungstermin.

Es sind nie die großen Dinge, sondern die kleinen, die ihre Aufmerksamkeit beanspruchen. So erkennen sie sofort, ob die Dachrinnen überlaufen und das Fallrohr der Dachrinne einwandfrei funktioniert (Wasserränder verraten auch an Sonnentagen, das hier etwas nicht in Ordnung ist). Natürlich öffnet ein ernsthaft interessierter Käufer die Fenster und lässt die Rollläden herunter. Wehe, wenn das Rollo klemmt oder die Fenster quietschen. Das gilt natürlich auch für die Zimmertüren, die geräuschfrei bewegt werden sollten.

Darauf achten Käufer ganz besonders:

Im Außenbereich:

- Carport/Garage/Wintergarten
  Auch wenn das Herz nicht mehr am Haus hängt, so sollte man sich dennoch aufraffen und ggf. kosmetische Korrekturen an diesen Bauteilen vornehmen. Eine verwitterte Carport-Frontwand kann mit wenig Aufwand und Farbe in neuem Glanz erstrahlen. Gleiches gilt natürlich für Garagentore oder Holztüren (siehe vorheriges Foto, dort sehen Sie eine

verwitterte Holztür, die jedem Kaufinteressenten negativ ins Auge fallen wird).

- Rasen
  Im Sommer sollte der Rasen im satten Grün erstrahlen (mit wenig Aufwand möglich). Achten Sie auch darauf, dass es hier keine „dunklen" Flecken gibt (entstehen durch Moos- und Algenbefall oder durch das Abstellen schwerer Gerätschaften). Es empfiehlt sich, diese Stellen neu anzusäen.

Im Innenbereich:

- Badezimmer
  Es sollte so blitzblank sein, wie es uns aus der Fernsehwerbung suggeriert wird. Also keine Flecken an und in den Becken, keine Schimmelrückstände und keinen Kalk an den Armaturen. Entsorgen Sie die alten Badematten und beschaffen Sie neue, die farblich zum Interieur des Bades passen (auch sollte die Toilettenbrille erneuert werden und schon gar nicht mit Plüsch überzogen sein). Sorgen Sie für frische Raumluft – für wenige Cents finden Sie in jedem Supermarkt ein reichhaltiges Angebot.

- Wohnzimmer
  Weniger ist mehr. Je vollgestopfter ein Raum, desto kleiner erscheint er uns. Das Auge ist leicht zu täuschen, deshalb funktioniert es auch umgekehrt. Je weniger Möbel, desto größer wirkt der Raum. Achten Sie auf Helligkeit – ggf. Leuchtmittel mit höherer Wattzahl eindrehen, besonders dann, wenn die Möbel aus Eiche rustikal bestehen, im Volksmund abwertend auch „Eiche brutal" genannt. Diese Möbel absorbieren sehr viel Licht.

Entsorgen Sie alte Teppichläufer und -brücken (oft ist es besser, gar keinen liegen zu haben als den alten zu verwenden). Die Gardinen, soweit vorhanden, sind frisch gewaschen und zurückgezogen, damit viel Licht den Raum durchfluten kann. Die Fenster sind streifenfrei geputzt. Die Möbel aufpoliert, mit Stoff überzogene Möbel wie Sofa und Stühle sind ebenfalls „poliert", im Sinne von aufgefrischt durch entsprechende Sprays. Ein neuer Innenanstrich ist nicht zwingend, es sei denn, hier leben starke Raucher, dann kann das Bewegen eines Wandbildes zum Desaster ausarten.

- Flur
  Die alten Fußmatten müssen gegen neue ausgetauscht werden.

- Abstellräume (Kammer, Diele, Keller)
  Sind die Regale in Ordnung? Schließen die Schränke (z. B. Schuhschränke)?

- Möbel
  Es versteht sich von selbst, dass alle Möbel poliert sind, saubere Tischdecken verwendet wurden und frische Blumen den Raum zieren. Mit ein paar Euro schaffen Sie so ein behagliches Stimmungsbild.

- Störquellen
  Während der Besichtigung sollten sämtliche Störquellen wie beispielsweise laute Fernseher oder Radios entweder ganz ausgeschaltet oder auf sehr leise eingestellt sein.

Als Bewohner eines Hauses gewöhnt man sich mit der Zeit an alle möglichen selbst gestellten Fallen: Turnschuhe auf den Stufen, Kinderspielzeug im Gang, lose Kabel, rutschende Teppiche und tief hängende Lampen. Machen Sie Ihr Zuhause für unvorbereitete Besucher so gefahrlos wie möglich. Nicht nur aus optischen Gründen sollten Sie darauf verzichten, sondern auch, um möglichen Haftungsansprüchen vorzubeugen. Wer über ein Kabel stolpert und die Kellertreppe herunterfällt, wird schnell einen Schuldigen finden wollen, den man in Regress nehmen kann.

- Haustiere

Wenn Sie Haustiere haben, sorgen Sie dafür, dass diese während einer Besichtigung bei Nachbarn oder Freunden untergebracht sind. Wenn Ihr Gast Angst vor Hunden hat oder allergisch auf Katzenhaare reagiert, dann ist die Besichtigung schneller vorüber als Ihnen lieb ist.

- Gerüche

Unsere Nase ist sehr empfindlich. Daraus hat die Parfum-Industrie ein Milliardengeschäft gemacht. Gerüche wie Tabak, Alkohol, Essen oder Räucher- und Duftkerzen sind dagegen selten angenehm. Sorgen Sie dafür, dass Ihr Haus vor der Besichtigung noch einmal gut durchgelüftet wird. Gerüche von Essen, Zigaretten oder Haustieren können für Interessenten ein Ablehnungsgrund sein und sollten unbedingt vermieden werden. Wesentlich verlockender hingegen ist es, wenn Ihr Haus nach frischem Kaffee duftet.

Potenzielle Käufer fühlen sich manchmal wie Eindringlinge, wenn sie in ein Haus mit vielen Bewohnern kommen. Anstatt Ihrem Haus die gebührende Aufmerksamkeit zu schenken, eilen sie eher durch die Besichtigung. Wenn Ihr Heim besichtigt wird, sollten so wenige Leute wie möglich anwesend sein.

Bei all diesen Dingen wird sichtbar, wie wichtig die Terminplanung ist. Wer sich von gleich auf jetzt entscheidet, sein Haus zu verkaufen, wird kaum die nötige Ruhe haben, die wichtigsten Arbeiten, die oft langwierig sind, kurzfristig auszuführen.

Während der „heißen" Verkaufsphase sollten Sie immer ein Auge auf die Wetterkarte haben. Bei blauem Himmel und strahlendem Sonnenschein verkauft es sich leichter als bei Schnee und Regen.

Checkliste:

Erforderliche Arbeiten	Ja	Nein	Kosten in €
Freie, aufgeräumte Zufahrt?			
Vorgarten aufbereitet?			
Rasen gemäht und Unkraut entfernt?			
Einfriedung (Zäune) in Ordnung?			
Hausfassade sauber?			
Funktionierende Außenbeleuchtung?			
Hausnummer vorhanden?			
Innenräume aufgeräumt?			
Keller trocken und gelüftet?			
Fensterrahmen in Ordnung?			
Fensterscheiben geputzt?			
Bodenbeläge in Ordnung?			
Bad „einigermaßen" aktuell?			
Heizungsanlage in Ordnung?			
Leistungen und Rohre in Ordnung?			
Dachrinnen gereinigt?			
Klingel intakt?			
Treppengeländer in Ordnung?			
Treppenstufen innen/außen in Ordnung?			

5. Der Besichtigungstermin

5. Der Besichtigungstermin

„Für alle Vernunft habe ich beliebig viel Zeit,
für Unvernunft nicht eine Minute."

Hans Fallada

Es versteht sich von selbst, dass Sie als Verkäufer den Besichtigungstermin wahrnehmen müssen und sich nicht von Dritten vertreten lassen. Das Argument, zu wenig Zeit zu haben, zählt nicht. Wie bereits mehrfach ausgeführt, vermeidet eine gute Zeitplanung dieses Problem. Zeitplanung heißt auch, sich Zeit zu nehmen für jeden einzelnen Interessenten. Deshalb sollten Sie nicht alle für 15 Uhr einbestellen. Das macht zwar Eindruck (schließlich sehen die Interessenten, dass es noch mehrere Bewerber gibt), ist aber kontraproduktiv. Sie können sich nur um einen kümmern und nicht um drei. Der eine Interessent ist im Keller, der nächste im Carport, dann schaut sich ein Pärchen die Küche an, während das andere Pärchen im Wohnzimmer die Schranktüren ausprobiert, und ein Interessent lässt bereits das Wasser in die Badewanne. Sie fühlen sich „verschaukelt" ob dieser Dreistigkeiten, und wirkliche Interessenten sind genervt, weil sie nicht ernstgenommen werden.

Vergessen Sie überdies nicht, dass Sie in diesem Haus auch noch wohnen und somit alle persönlichen Dinge im Haus verteilt sind. Wie, bitte schön, wollen Sie denn sicherstellen, dass nicht doch der eine oder andere unehrliche Interessent „handgreiflich" wird, wenn Sie keine Kontrolle haben? Gelegenheit macht Diebe, das werden Ihnen einige Verkäufer bestätigen können. Nein, die Welt ist nicht schlecht. Aber es reicht, wenn nur *ein* „schlechter Mensch" Ihr Haus betritt.

Natürlich könnten Sie einige Personen aus Ihrem persönlichen Be-
kannten- und Freundeskreis bitten, Ihnen an diesem Tag zur Hand
zu gehen, dennoch ist Ihre Kompetenz gefragt. Der Tag hat 24
Stunden. Somit haben Sie ausreichend Möglichkeiten, die Termine
so zu legen, dass jeder Interessent zu einer bestimmten Zeit vorstellig werden kann.

*Der Ersttermin mit Kaufinteressenten ist eine Herausfor-
derung für Sie als Verkäufer. Fremde Menschen sind bereit, eine Menge Geld zu investieren. Wichtig ist, dass Ihre
Immobilie einen positiven ersten Eindruck hinterlässt. Und
diese Chance haben Sie nur einmal.*

Sobald der Interessent Ihr Objekt betritt, sollten Sie sich nicht mit
langen Reden aufhalten, sondern sofort durchstarten. Als Gastgeber
wird Sie dieser Schritt ein wenig verunsichern. Für gewöhnlich bietet
man Gästen einen Platz und ein Getränk an. Deshalb sind die Interessenten nicht gekommen. Sie wollen das Haus sehen, weshalb sie
nur dafür einen Blick haben. Wenn Kaffee, dann nach der Besichtigung, aber auch nur, wenn sich die Gelegenheit dazu ergibt. Drän-
gen Sie niemandem etwas auf. Genauso wenig sollten Sie Ihre Immobilie über den grünen Klee loben. Sie sind befangen, weshalb jeder Interessent Ihre Aussagen sehr kritisch sieht. Ein guter Verkäufer hält sich zunächst diskret im Hintergrund und antwortet auf Fragen, die ihm gestellt werden. Natürlich darf er ein wenig emotional
sein, schließlich ist die Immobilie sein bisheriger Lebensmittelpunkt.
Möglicherweise hat er hier die schönsten Jahre seines Lebens verbracht. Solange die Gefühle ehrlich und nicht aufgesetzt sind, dürfen
sie durchaus geäußert werden, natürlich im Rahmen. Kommt es zum
Preisgespräch, dann braucht es natürlich einen geschäftsmäßigen,
verbindlichen Ton.

Beginnen Sie am besten im Keller. Dann gehen Sie über das Erdgeschoss ins Obergeschoss. Von dort gehen Sie zurück, um sich den
Außenbereich und die Nebengebäude anzuschauen. Die Besichti-

gung sollte dort enden, wo sich Ihrer Meinung nach die „Seele der Immobilie" aufhält. Es ist meistens das Wohnzimmer. Ihr Kaufinteressent sammelt in dieser Zeit viele Eindrücke, die nicht alle „gespeichert" werden. Erfahrungsgemäß bleibt das, was zuletzt gesehen wurde, im Gedächtnis. Ein behaglich eingerichtetes Wohnzimmer, mit einem prasselnden Kaminfeuer und entsprechender Beleuchtung setzt positivere Akzente beim Betrachter als ein typischer Kellerraum. Je nach Objekt und Größe sollten 30 Minuten Zeit ausreichen, das Wesentliche zu zeigen. Weitere Termine können dann vereinbart werden. Halten Sie sich an diesen Zeitplan, damit die nächsten Interessenten nicht warten müssen bzw. schon mal auf eigene Faust „loslaufen".

Ein gepflegtes Haus verkauft sich einfach besser, weil es sich vom Wettbewerb deutlich abhebt. Deshalb sollten Schönheitsreparaturen unbedingt vor dem Verkaufsstart durchgeführt worden sein.

Darauf sollten Sie besonders achtgeben:

- Auf wohltemperierte Räume – sparen Sie nicht am falschen Ende, indem Sie die bereits geräumte Immobilie nicht beheizen. Da wird sich kein Interessent wohlfühlen.
- Der Kamin sollte nur in der kalten Jahreszeit zum Einsatz kommen, alles andere wirkt affektiert und durchschaubar.
- Achten Sie darauf, dass alle Lampen betriebsbereit sind und keine Sicherungen herausfliegen, wenn z. B. im Keller der Lichtschalter gedrückt wird.
- Im Waschraum ist die Schmutzwäsche so verstaut, dass sie zum einen nicht sichtbar ist und zum anderen nicht müffelt (gilt besonders für Sportkleidung).
- Beseitigen Sie Stolperstellen wie herumliegende Kabel, Schuhe oder Taschen.
- Räume, die für das Abstellen von selten benutzten Dingen genutzt werden, sollten aufgeräumt sein. (Bei der Gelegen-

heit könnten Sie die Sachen entsorgen, die ohnehin nur Platz wegnehmen.)

- Entfernen Sie Spinnenweben, Staub auf Bilderrahmen, an Türzargen, auf Lampen, an der Küchenesse, auf dem Küchenschrank (ist meistens so hoch, dass nur selten dorthin geschaut wird), entfernen Sie an der Küchenzeile die Bodenverkleidung und wischen Sie dahinter den Staub von den Fliesen.
- Putzen Sie auch die Türblätter und -griffe.
- Tropfende Wasserhähne während einer Besichtigung sorgen für Unmut – also beseitigen Sie diesen Mangel.
- Viele Heizkörper rosten von unten nach oben und werden unansehnlich. Sie müssen diese nicht auswechseln, aber eine Lackierung kann nicht schaden.

Interessenten möchten sehen, wie schön Ihr Haus ist, und sich nicht vorstellen müssen, wie es „mit etwas Arbeit" aussehen könnte. Vielen Interessenten fehlt einfach die Fantasie!

Sorgen Sie unbedingt für eine ungestörte Atmosphäre. Interessenten das Familienleben live zu zeigen, ist mitunter recht amüsant. Je mehr junge Kinder im Hause, desto mehr Action. Das kann in Verkaufsgesprächen eher hinderlich denn fördernd sein. Beim allerersten Besichtigungstermin tun Sie gut daran, alle nicht am Verkaufsprozess beteiligten Personen kurzzeitig anderweitig unterzubringen.

Lassen Sie keine persönlichen Wertgegenstände, Verträge, Bankunterlagen, Geldbörse oder sonstige Ordner offen herumliegen.

Bemühen Sie sich möglichst, keine Fachbegriffe zu verwenden (Fachchinesisch). Je besser ein Interessent Sie versteht, desto weniger Widerstände bauen sich auf. Eine Nasszelle ist eine Dusche, eine Mischarmatur der Wasserkran, der Abort die Toilette etc. pp.

Auch sollten Sie Begriffe wie *vielleicht, eventuell, eigentlich, kein, müsste, sollte, könnte* nicht verwenden. Das drückt Unsicherheit aus, die ein Gesprächspartner schnell zu seinem Vorteil nutzen wird.

Noch besser können Sie sich auf den Besichtigungstermin vorbereiten, wenn Sie zuvor eine Positiv-Negativ-Liste erstellen. Versetzen Sie sich in die Lage des Interessenten und listen Sie alle Vorteile auf, die Sie an Ihrer Immobilie „entdecken". Dann fragen Sie sich, was bemängelt werden könnte? Ergänzen Sie diese Aufzählung durch schlüssige Argumente, die Sie im entscheidenden Moment parat haben, um ein flüssiges Verkaufsgespräch ohne Wenn und Aber zu führen.

Terminvereinbarung

Verkäufer neigen gern dazu, sich vom Käufer den Termin aufzwingen zu lassen. Das ist grundsätzlich nicht verkehrt, schließlich soll etwas verkauft werden. Zum Problem wird es, wenn der Käufer einen Termin wünscht, der aus Ihrer Sicht sehr unpassend ist. So kann der 17-Uhr-Termin zu einem Problem werden, wenn erfahrungsgemäß die Rushhour in Ihrer Stadt um diese Zeit einsetzt und der allabendliche Berufsverkehr genau in der Richtung die Stadt verlässt, in der Ihre Immobilie liegt. Ein potenzieller Käufer wird so länger aufgehalten als nötig, und wer steht schon gern im Stau? Es geht um das Gefühl, dass er in diesem Moment hat, und nicht um Logik. So könnte es sein, dass dieser Interessent nie vor 19 Uhr nach Hause fährt und sich somit eigentlich kein Stauproblem ergeben wird. Doch das sieht er in diesem Moment nicht, weshalb Ihre Immobilie schon einige Minuspunkte sammelt, obwohl er noch nichts von ihr gesehen hat.

Ein stimmungsvoller Sonnenuntergang ist etwas Außergewöhnliches. Wenn Sie so etwas von Ihrer heimischen Terrasse aus beobachten können, sollten Sie die Besichtigungstermine so legen, dass Ihre Interessenten genau diesen Sonnenuntergang erleben. Vielleicht grenzt Ihr Objekt an einen Wald, dann dürfte frühmorgens einiges an Vogelgezwitscher zu hören sein. Wenn Ihr Interessent ein Naturliebhaber ist, dann laden Sie ihn für 7 Uhr morgens ein. Sehr ungewöhnlich zwar, aber die Argumente sind auf Ihrer Seite.

Liegt Ihr Objekt in der Nähe einer Bahnstrecke, dann wissen Sie aus eigener Erfahrung, zu welchen Zeiten die Züge (Personen- oder Güterzüge) vorbeifahren. Legen Sie Besichtigungstermine in die Zeiten, in denen die Züge gar nicht oder sehr wenig fahren. Unfair? Warum? Im Exposé ist ein Lageplan, und der weist eine in der Nähe liegende Bahnstrecke aus. Da fahren nun einmal Züge, und Sie sind nicht verpflichtet, den Zugfahrplan auszulegen. Da muss sich der Interessent schon selbst ein Bild machen.

Ich will nicht übertreiben, aber gibt es in der Nähe zu Ihrer Immobilie ein Flugplatz für Freizeitflieger, die ausgerechnet ab Freitagmittag bis Sonntagabend starten und landen? Dann wissen Sie, wie Sie die Besichtigungstermine zu legen haben.

In den Terminverhandlungen sollten Sie nicht zu viele Informationen geben. Warum Sie keine Zeit haben, geht niemanden etwas an. Sehr unklug ist es, wahrheitsgemäß auf einen Terminvorschlag seitens des Interessenten wie folgt zu antworten: „Tut mir Leid, zu dieser Zeit ist niemand zu Hause. Wir müssen daher einen anderen Termin ausmachen." Ein Interessent mit unlauteren Absichten weiß nun, wann er sich „ungestört", aber eben ohne Sie, in Ihrer Immobilie umschauen kann und alles mitnimmt, was sich zu Geld machen lässt.

Wenn Interessenten zum Problem werden

Es geschieht nicht häufig, kommt aber leider immer wieder vor, dass Interessenten bei der Besichtigung zum Problem werden. Kritik an tatsächlichen Mängeln zu üben ist legitim. Wenn aber persönliche Kommentare zu Geschmack und Stil gemacht werden, kann dies schnell beleidigend werden. In diesem Fall bitten Sie die Leute zu gehen!

Natürlich soll ein Kaufinteressent die Möglichkeit haben, sich Ihre Immobilie genau anzusehen. Schließlich kauft keiner gerne die Katze im Sack. Doch das Abziehen von Tapeten, Abklopfen von Putz oder Demontieren von Paneelen geht definitiv zu weit und sollten Sie auch keinesfalls zulassen.

Vorsicht bei großen Besuchergruppen! Es kommt vor, dass Trickdiebe den Besichtigungstermin als Vorwand nutzen, in Ihr Haus zu gelangen. Während Sie in ein Gespräch verwickelt sind, forschen die anderen aus, was bei Ihnen „zu holen" ist, oder stecken kleinere Wertgegenstände gleich ein.

**6. Das "richtige"
Verkaufsgespräch**

6. Das „richtige" Verkaufsgespräch

„Bei uns wird auf dem Platz zu wenig gesprochen.
Das könnte an der Kommunikation liegen."

Erich Ribbeck

Der Angestellte eines Unternehmens lässt sich einen Termin beim Chef geben. Zur verabredeten Zeit steht er diesem gegenüber. Sogleich formuliert er sein Anliegen: *„Guten Tag, Chef. Meine Frau sagt, ich sollte Sie um eine Gehaltserhöhung bitten."* Darauf der Chef: *„Gut, dann werde ich meine Frau fragen, ob Sie damit einverstanden ist."*

Ja, so kann es gehen, wenn man sein Licht unter den Scheffel stellt. Dann wird man nicht selten zum Gespött der Leute, wie in diesem Beispiel. Das können Sie sich als Verkäufer einer Immobilie nicht leisten. Sie müssen Autorität ausstrahlen, schließlich treten Sie Interessenten gegenüber, die im Begriff sind, einen sechsstelligen Betrag auszugeben. Sie suchen Gesprächspartner auf Augenhöhe und keine Jammerlappen, die vor lauter Angst kein Wort über ihre Lippen bringen. Natürlich erfordert ein Verkaufsgespräch ein wenig Übung, schließlich wird niemand zum Verkäufer geboren. Das ist genauso ein Lernberuf, wie viele andere auch. Weshalb auch der schnell überfordert ist, der das erste Mal im Leben als Verkäufer einer Immobilie auftritt. In diesem Fall gibt es nur eins: Üben. Simulieren Sie mit Freunden und Bekannten ein Verkaufsgespräch. So erkennen Sie schnell ihre Stärken und Ihre Schwächen. Sie werden auch erkennen, dass Verkaufen mehr ist als nur ein paar Worte zur richtigen Zeit.

Wissenschaftliche Studien kommen zum Ergebnis, dass es nicht so wichtig ist, was wir sagen, sondern wie wir es sagen. 55 Prozent eines Gespräches werden durch Körpersprache und Gesten geführt, 38 Prozent durch Tonlage und Klang und nur 7 Prozent über den Inhalt. Viele Verkäufer sind der Meinung, man müsse pausenlos auf den Kunden einreden, damit es zu einem Vertragsabschluss kommt. Sie dürfen sicher sein, dass diese Verkäufer alles andere als erfolgreich sind. Der erfolgreiche Verkäufer, gewerblich wie privat, spricht wenig. Dafür lässt er andere sprechen. Schließlich haben wir Menschen zwei Ohren und nur einen Mund. Wir sollen mehr hören als reden! Nur den wenigsten Menschen gelingt es, sich mit dem Reden zurückzuhalten. Wir Menschen sind soziale Wesen, weshalb wir ein uneingeschränktes Mitteilungsbedürfnis haben. Es verlangt daher von uns höchste Disziplin, interessiert zuzuhören und selber wenig zu reden. Dabei leuchtet es doch ein, dass wir nur dann wichtige Informationen von unserem Gesprächspartner bekommen, wenn dieser sprechen kann und wir zuhören. Je besser wir zuhören, desto zielgerichteter können wir unser Angebot und damit den „Verkaufstext" platzieren. Ich halte nichts von einem auswendig gelernten Text, der gebetsmühlenartig wiederholt wird. So arbeiten Dilettanten. Profis hören genau zu, um herauszufinden, wie der Gesprächspartner strukturiert ist.

Die Kunst besteht darin, zum einen aus einem Interessenten einen Käufer zu machen und zum anderen in den Verhandlungen Ihre Forderungen durchzusetzen. Deshalb müssen Sie sich auf das Gespräch vorbereiten, indem Sie z. B. Ihre Verhandlungsziele festlegen. Dadurch schützen Sie sich vor spontanen Zugeständnissen, die Sie später bereuen. Bedenken Sie: Nicht nur Sie verfolgen ein Ziel – den Verkauf –, sondern auch der Kaufinteressent. Sein Wunsch steht diametral zu Ihrem. Er will Ihre Immobilie so günstig wie möglich erwerben. Es ist wie in der Politik: Ohne Kompromisse geht es nicht. Nur wenn sich beide Seiten bewegen, geht es voran. Wenn Sie gut vorbereitet sind, wissen Sie, wie weit Sie „schmerzlos" gehen können.

Dieser Ratgeber ist nicht der richtige Rahmen für psychologische Ausführungen. Dennoch möchte ich darauf kurz eingehen, weil dieses Wissen für Ihre Gesprächsführung von großer Bedeutung ist. Es kann Ihren Erfolg maßgeblich beeinflussen.

In Sachen Wahrnehmung stehen unsere fünf Sinne für:

- visuelle Reize   -   Sehen
- auditive Reize   -   Hören
- kinästhetische Reize   -   Fühlen
- olfaktorische Reize   -   Riechen
- gustatorische Reize   -   Schmecken

Visuelle Reize nehmen den höchsten Stellenwert ein. 80 Prozent aller Menschen reagieren vornehmlich auf visuelle anstatt auf kinästhetische Reize. Deshalb sollte ein Exposé möglichst viele klare Bilder haben, ganz so, wie es ein Sprichwort schon sagt:

„Ein Bild sagt mehr als tausend Worte."

Erinnern Sie sich, was ich eingangs schrieb? Wie Sie auf andere wirken, wird mit nur 7 Prozent von dem, was Sie sagen, beeinflusst. Mit 55 Prozent beeinflusst Ihre Körpersprache, also das Bild, was Sie nach außen darstellen, den Verlauf des Gespräches. Daher gilt: Aufrichtig zuhören, den anderen reden lassen und genau hinhören, was er Ihnen sagt. Dann werden Sie schnell erkennen, in welche Kategorie Ihr Gesprächspartner einzuordnen ist. Ein vornehmlich visuell strukturierter Mensch will alles sehen. Sie erkennen ihn daran, dass er sich „ein Bild von Ihrem Haus" machen möchte. Ein auditiver Mensch möchte mehr hören und weniger sehen, wobei klar gesagt werden muss, dass wir Menschen immer alle fünf Reize irgendwie einsetzen. Aber aus diesen fünf ragt ein Reiz besonders hervor und den gilt es „zu bedienen". Einen auditiven Menschen erkennen Sie z. B. daran, dass er Sie bittet, etwas zum Objekt zu sagen (reden).

Denn er will hören (auditiv). Der kinästhetische Kaufinteressent ist mehr haptisch veranlagt. Der lässt im übertragenen Sinne seine Gefühle sprechen. Sie erkennen ihn daran, dass er durchs Haus gehen will. Er wird über das Treppengeländer genauso streicheln wie über die Wandfliesen im Bad. Ein deutliches Zeichen, dass er sehr gefühlsbetont ist.

Sie sehen, es ist gar nicht so schwer, Menschen einzuordnen. Viel schwerer ist es, während des Gespräches immer wieder auf „seine" Reize einzugehen. Sie müssen sich mit einem visuell strukturierten Menschen auf Bildebene unterhalten, um Erfolg zu haben. Ein Beispiel. Der Interessent kommt ins Haus und sagt zu Ihnen: *„Ich möchte mir ein Bild von dem Objekt machen."* Richtig reagieren Sie, wenn Sie darauf wie folgt antworten: *„Ich zeige Ihnen gern die einzelnen Räume".* Sie spiegeln damit Ihr Gegenüber, was sofort eine Vertrauensbasis schafft. Diese zerstören Sie sofort und meistens sogar unwiderruflich, wenn Sie auditiv geantwortet hätten. Beispiel: *„Ich möchte mir ein Bild von dem Objekt machen".* Sie antworten: *„Ich muss Ihnen noch etwas sagen…"* Mitunter entscheiden nur wenige Worte über den weiteren Verlauf eines Gespräches.

Wenn nun ein auditiver Mensch vor Ihnen steht, könnte er das Gespräch wie folgt beginnen: *„Ich habe da noch eine Frage. Können Sie mir sagen, wie groß das Badezimmer ist?"* Der will diesen Raum in diesem Augenblick nicht sehen. Als Auditiver will er hören, wie groß das Bad ist. Richtig reagieren Sie mit der Antwort: *„Das Badezimmer ist 9 Quadratmeter groß. Es hat ein Fenster zur Gartenseite heraus, sodass Sie morgens schon das Vogelgezwitscher hören".* Falsch reagieren Sie mit einer Antwort: *„Lassen Sie uns nach oben ins Badezimmer gehen, dann können Sie sich davon ein Bild machen."* Ein letztes Beispiel: Der kinästhetische Kaufinteressent stellt sich wie folgt vor: *„Mensch, Klasse, der Eingangsbereich ist gefliest. Das fühlt sich gut an…"* Falsch reagieren Sie nun mit der Antwort: *„Darf ich Ihnen die anderen Fußböden zeigen?"* Ihr Interessent will fühlen, nicht sehen! Also antworten Sie: *„Lassen Sie uns ins Wohnzimmer gehen, dann werden Sie spüren, wie sich das Echtholzparkett anfühlt."*

Dieser kleine Crashkurs zeigt, dass nur Sie es in der Hand haben, das Gespräch in die richtige Richtung zu leiten. Deshalb kommt es nicht so sehr auf den Verkaufstext an, sondern auf das „Menschliche". Wenn ein Bild mehr sagt als tausend Worte, dann ergänze ich: *„In der Kürze liegt die Würze".* Weshalb Sie in Ihrem Verkaufsexposé keine Romane schreiben sollten, sondern kurz und knapp, aber dennoch aussagekräftig informieren. Übertreiben Sie nicht und bleiben Sie bei der Wahrheit. Schon Goethe sagte: *„Was du schwarz auf weiß besitzt, kannst du getrost nach Hause tragen."* Ein Käufer hat es viel leichter, Sie in Regress zu nehmen, wenn Sie Eigenschaften ins Exposé schreiben, die in der Realität nicht vorhanden sind. Deshalb lieber weniger als zu viel schreiben.

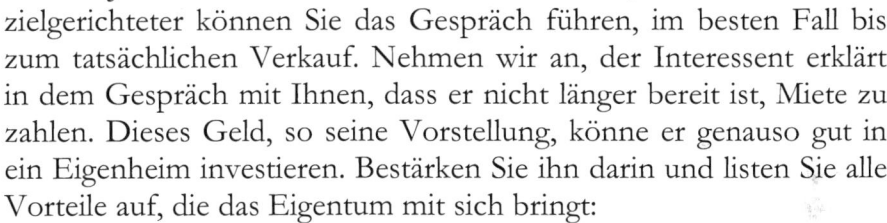

Wichtig ist überdies, aus den Verkaufsgesprächen die Motivation des Käufers herauszuhören – also die Frage, warum er grundsätzlich bereit ist, eine Immobilie zu kaufen. Je besser Sie seine Kaufmotive kennen, desto zielgerichteter können Sie das Gespräch führen, im besten Fall bis zum tatsächlichen Verkauf. Nehmen wir an, der Interessent erklärt in dem Gespräch mit Ihnen, dass er nicht länger bereit ist, Miete zu zahlen. Dieses Geld, so seine Vorstellung, könne er genauso gut in ein Eigenheim investieren. Bestärken Sie ihn darin und listen Sie alle Vorteile auf, die das Eigentum mit sich bringt:

- Man zahlt in die eigene Tasche.
- Solide Finanzierung schützt vor Kostensteigerung, während die Miete regelmäßig erhöht wird.
- Die Sicherheit im Rentenalter, keine Miete zahlen zu müssen.
- Kein „Rauswurf" durch den Vermieter, da man sein eigener Herr ist.
- Keine Ruhezeiten, an die man sich zu halten hat.
- Unabhängigkeit von Weisung Dritter.

Der nächste Interessent sucht Sicherheit. Die steht für vieles, also für Finanzen, Einbruch oder Altersvorsorge. Die obigen Argumente können auch hier eingesetzt werden, ergänzt um folgende Eigenschaften:

- Grundsolides Bauwerk – spart Modernisierungskosten.
- Einbruchsicheres Glas, Türen, Fenster etc. pp.
- Alarmanlage über Funk geschaltet.
- Gutes nachbarschaftliches Verhältnis (jeder hilft jedem und achtet während der Abwesenheit auf des anderen Eigentum).
- Die Möglichkeit, im Garten einen Schäferhund als Wachhund halten zu können.

Weitere Kaufmotive, warum ein Käufer eine Immobilie erwerben möchte:

- Ruhe
  Liegt Ihr Objekt an einem Waldgrundstück, sollten Sie diesen Pluspunkt in allen Gesprächen herausheben.

- Familie
  Die Käuferfamilie erhält Nachwuchs, braucht also mehr Platz. Punkten Sie in den Gesprächen mit den vielen Räumen und dem großzügigen Platzangebot.

  Nachwuchs kann im schlechteren Fall auch die Aufnahme einer pflegebedürftigen Person bedeuten. Auch dafür können sich Ihre Räumlichkeiten eignen.

- Behinderung
  Der Käufer kann durch einen Unfall oder Krankheit eine Behinderung haben und ist damit auf eine räumliche Veränderung angewiesen. Zeigen Sie, wie behindertengerecht Ihre Wohnung oder Immobilie ist (z. B. Parterre, breitere Türen).

- Berufliche Situation
  Der Käufer muss aus beruflichen Gründen umziehen. Wissen Sie, wo sein neuer Arbeitsplatz ist, können Sie durch die Lage Ihres Grundstückes und die damit verbundene gute Verkehrsanbindung punkten.

- Beruflich selbstständig
  Der Käufer ist selbstständig und kann von zu Hause aus arbeiten. Punkten Sie im Verkaufsgespräch mit einem gut ausgebauten Funknetz (UMTS-Handy), Breitbandkabel (Internet) etc. pp.

Ich kann diese Aufzählung beliebig fortsetzen, aber auch so ist deutlich erkennbar, dass durch Kenntnis der Kaufmotive Ihre Verkaufschancen signifikant steigen. Je genauer Sie fragen, desto einfacher und zielgerichteter können Sie das Gespräch führen.

Wenn Sie Fragen stellen, dann bitte nur offene. Nur so erfahren Sie wichtige Details. Eine geschlossene Frage wird kurz und knapp beantwortet und ist damit ohne Wert.

„Gefällt Ihnen das Badezimmer?" ist eine geschlossene Frage. Der Gefragte wird in der Regel nur mit Ja oder Nein antworten. In beiden Fällen wissen Sie aber nicht, warum er so antwortet. Eine offene Frage sieht so aus: „Wie würden Sie dieses Badezimmer einrichten?" Hier kann er nicht mit Ja oder Nein antworten. Er wird vielleicht sagen: *„Ich mag dieses Badezimmer nicht, deshalb kann ich es mir auch nicht vorstellen, wie ich es einrichten sollte."* Oder er sagt: *„Ich sehe es bereits vor mir. In die Ecke stelle … ".*

Wirklich interessierte Käufer senden Kaufsignale. Die Kunst besteht darin, weniger interessierte Käufer von den Interessierten zu unterscheiden. Beide verwenden das gleiche Vokabular (ein unbewusster Vorgang), verfolgen aber unterschiedliche Ziele. Im Besichtigungstermin wird bemängelt, dass das innenliegende Bad kein Fenster hat. Darauf könnten Sie antworten: *„Sie können sich frei bewegen ohne Sicht-*

schutz". Der weniger interessierte Käufer würde darauf antworten: *„Ich möchte ein Fenster, damit die Luft besser zirkuliert."* Das ist kein Kaufsignal, sondern ein berechtigter Einwand, den Sie nicht entkräften können. Mit anderen Worten: Dieser Käufertyp wird während des Besichtigungstermins nach weiteren Dingen Ausschau halten, die ihn stören, damit er genügend Argumente für sich selbst findet, diese Immobilie nicht zu kaufen. Klingt zunächst befremdlich, entspricht aber der Realität.

Ein interessierter Käufer würde auf die Situation mit dem fehlenden Fenster keinen Einwand bringen, sondern ein Kaufsignal senden: *„Mir hätte es schon gefallen, wenn das Bad über ein Fenster verfügte, aber der Weg vom Schlafzimmer zum Bad ist ideal. Spontan wie ich bin, mache ich nachts immer das Licht an, weshalb ich Gefahr laufe, dass Außenstehende durchs Fenster schauen und mich so sehen, wie ich es eigentlich nicht möchte."*

Das ist, wie gesagt, nur ein Beispiel. Aber es deutet an, worauf es ankommt: Kaufsignale von Einwänden zu trennen, um den richtigen Käufer herauszufiltern.

Ich mag es gar nicht so offen schreiben, aber es ist wirklich wichtig. Ich hoffe, die Männer mögen mir verzeihen, aber es sind häufig die Frauen, die das Sagen haben. Sie sind es, die die Entscheidung treffen, während Männer nur noch abnicken. Natürlich sind beide „auf Linie". Es passiert nicht, dass er partout gegen das Objekt stimmt und sie vor Begeisterung kaum in den Schlaf findet. Grundsätzlich sind sich beide schon einig, doch am Ende muss ja einer das Zepter in die Hand nehmen und den Daumen heben oder senken. Die Frau hebt den Daumen, der Mann schließt sich dem an. Kluge Verkäufer nutzen diesen Umstand und kümmern sich in den Gesprächen mehr um die Frau, wobei sie den Mann nicht umgehen. Letztlich entscheidet er mit, und wenn Sie ihn nicht auf Ihre Seite bringen, rückt der Vertragsabschluss in weite Ferne.

Ich will kein Klischee bedienen, aber als Mann gebrauchen wir andere Wörter als Frauen. Das hängt natürlich auch mit unseren Interessen zusammen. Wir interessieren uns für Technik, Sport und Handwerkliches. Überdies legen wir Wert auf Repräsentatives. Es ist nicht so, dass Frauen zwingend andere Themen haben. Doch beim Erwerb eines Hauses spielen diese Dinge eine untergeordnete Rolle. Hausputz, Kindererziehung, Familienabende, Freunde bewirten, das sind doch Dinge, die vornehmlich von der Hausherrin zu erbringen sind (während Männer inzwischen tatkräftig mit anpacken). Als Verkäufer sollten Sie deshalb verstärkt auf diese Themen eingehen, um bei einer Frau die Begeisterung für Ihr Objekt auszulösen. Beschreibungen wie schnell, einfach, sauber, praktisch, kurze Wege, wenig schleppen etc. pp. Diese Adjektive können sich verkaufsfördernd auswirken.

Natürlich wird auch der Preis Gegenstand der Gespräche sein. Aussagen wie *„Das Haus ist zu teuer"* sind normal. Wer zahlt schon gern mehr, als er muss. Doch lassen Sie sich nicht von diesen Aussagen provozieren und unterscheiden Sie auch hier wieder zwischen Kaufsignal und Einwand. So könnten Sie z. B. fragen: *„Das Haus ist Ihnen zu teuer. Im Verhältnis zu was oder wem?"* Eine mögliche Antwort des Interessenten: *„Wir haben uns Häuser in ähnlicher Lage angesehen und die waren deutlich billiger".* Also ein Einwand, weil ähnlich nicht gleich ist. Hier haben Sie es mit einem Interessenten zu tun, der nicht kaufen will oder so lange einen Verkäufer sucht, der auf seine Preisvorstellung einsteigt. Hingegen reagiert der Käufer mit einem Kaufsignal anders: *„Wir haben uns eine Preisgrenze von ... gesetzt, weshalb uns das Haus zu teuer ist."* Nun könnten Sie nachfragen: *„Wie weit liegen wir denn auseinander?" „Nun, etwa 10.000 Euro." „Habe ich Sie richtig verstanden, wenn ich Ihnen im Kaufpreis um 10.000 Euro entgegenkomme, können wir uns heute einigen?"* ... Solche Gespräche brauchen ein wenig Übung. Freuen Sie sich deshalb auf viele Interessenten. Die Praxis ist noch immer der beste Lehrmeister. Das sagt auch Goethe in seinem „Faust": *„Grau, teurer Freund, ist alle Theorie, und grün des Lebens goldner Baum."* Damit drückt er aus, dass die Beschäftigung mit Theorien Zeitverschwendung und nur das Leben wertvoll ist. Das Leben, das sind die leibhaftigen Gespräche mit Menschen.

 *Häufig müssen Käufer den Mietvertrag kündigen, ihr eigenes Haus verkaufen und so weiter, bevor sie in die von Ihnen verkaufte Immobilie einziehen können. Das führt zu einer nicht unerheblichen Doppelbelastung. Vor diesem Hintergrund können Sie als Verkäufer einen längeren Zahlungstermin anbieten. Im Gegenzug zahlen die Käufer dann einen etwas höheren Kaufpreis, der mithin ihre Liquidität nicht gefährden wird.*

Preisverhandlungen sind wie Pokern. Es gewinnt nicht der, der das beste Blatt in den Händen hält, sondern der, der am besten bluffen kann. In Sachen Immobilienpreisverhandlung darf durchaus „geblufft" werden, wenn dadurch die Wahrheit nicht auf der Strecke bleibt. Deshalb weisen Sie natürlich auf versteckte Mängel am Objekt hin, soweit sie Ihnen bekannt sind. All das hat aber nichts mit der Preisverhandlung zu tun. Sie haben an anderer Stelle lesen können, dass es eine Preisober- und Untergrenze gibt. Wobei die Obergrenze nie ein Problem darstellt. Wenn einer mehr bezahlen will, umso besser. Sie berauben sich Ihrer Chance um den besten Preis, wenn Sie einem Interessenten Ihre „Schmerzgrenze" sagen. Oder glauben Sie im Ernst, dass Sie noch die Chance auf einen Preis von 250.000 Euro von ursprünglich 260.000 Euro haben, wenn Sie ihm zuvor die „Schmerzgrenze" bei 240.000 Euro gesagt haben? Warum sollte Ihnen der Kaufinteressent 10.000 Euro schenken? Halten Sie sich mit voreiligen Preiszugeständnissen zurück. Ein einmal abgegebenes niedrigeres Angebot widerrufen ist rechtlich ohne Belang, doch leidet Ihre Glaubwürdigkeit und damit die Chance auf einen schnellen Verkauf. Versuchen Sie es, wie schon erwähnt, mit einer „Dreingabe" statt mit einem monetären Preisnachlass. Eine Dreingabe kann beispielsweise die Sauna, die Einbauküche oder das Gartenhaus sein.

Es gibt sie, die 3 typischen Fehler im Verkaufsgespräch. Wenn Sie die vermeiden, dann haben Sie eine der größten Hürden zum Vertragsabschluss überwunden.

Die drei größten Fehler in Verkaufsgesprächen:

1. Es wird zu viel erzählt

Die erste und zweite Regel des effektiven Verhandelns ist es, 1. zu wissen, welche Informationen Sie bedenkenlos preisgeben können und 2. nicht mehr als ebendies zu tun, solange Sie mit jemandem sprechen, der nicht 100%ig Ihre Interessen vertritt.

Es ist äußerst wichtig, dass Sie als Verkäufer jeden einzelnen Punkt, den Sie erwähnen, vorher gründlich durchdenken und erst dann aussprechen (mit Verlaub: Vor dem Reden Gehirn einschalten). So wie Sie einen abgeschossenen Pfeil im Flug nicht mehr zurückholen können, so können Sie ausgesprochene Wörter nicht ungeschehen machen. Was immer Sie sagen, der Käufer wird alles zu seinem Vorteil auslegen. *„Reden ist Silber, Schweigen Gold".* In solchen Momenten bewährt sich dieses Sprichwort.

2. Zu schnelle Abgabe eines Gegengebotes

Viele Verkäufer sehen sich dem Druck ausgesetzt, möglichst schnell auf ein abgegebenes Kaufgebot reagieren zu müssen. Es ist aber nun mal so, dass die Verhandlung über den Preis ein ganz entscheidender Punkt ist und dass Sie durchaus das Recht haben, sich vor Abgabe einer fundierten Antwort etwas Bedenkzeit auszubitten. Wie bereits erwähnt, ist es Ihr gutes Recht, in Abwesenheit des Kaufinteressenten mit einem Fachmann Rücksprache zu halten, um die nächsten Schritte abzustimmen. Bitten Sie den Käufer um etwas Geduld. Das ist wichtig. Dieser kleine Aufschub und eine objektive, professionelle Meinung eines Dritten lässt Sie klarer sehen und die richtige Entscheidung treffen.

3. Zu viel aufgeben

Viele Verkäufer meinen, sie müssten Dinge wie Einrichtung, Lampen oder Vorhänge quasi umsonst einem Käufer aushändigen. Diese Annahme ist falsch. Nur das, was Sie im Exposé als „mitverkauft" ausgewiesen haben, ist Bestandteil der Verhandlungen. Diese Gegenstände können natürlich als Bonus eingesetzt werden.

Solange Sie nicht wissen, ob der Käufer mit dem vorhandenen Inventar Ihrer Immobilie plant, halten Sie sich mit Angeboten und Äußerungen hierüber zurück. Wenn Sie in die „heiße" Verkaufsphase eingetreten sind und über den Preis diskutieren, können Sie, falls erforderlich, auf das Inventar zurückgreifen und es als Bonus anbieten. Mit diesem „Pfund" können Sie nicht mehr wuchern, wenn Sie es zu früh *verspielt,* also abgegeben, haben.

7. Die Zusammenarbeit mit einem Makler

7. Die Zusammenarbeit mit einem Makler

„Wer alles bloß des Geldes wegen tut, wird bald des Geldes wegen alles tun."

aus Italien

Der Besitzer eines Hauses ruft den Heizungsbauer, weil die Heizungsanlage streikt. Der Meister erscheint pünktlich, öffnet die Klappe an der Heizungsanlage, nimmt den Schraubenzieher und schwupps, schon läuft die Anlage wieder. *„Macht 59 Euro",* sagt der Handwerker zu seinem Kunden. Der reagiert entsetzt: *„Sie haben hier keine fünf Minuten gewerkelt und wollen dafür 59 Euro? Das ist doch Wucher!" „Das sehen Sie falsch",* sagt der Meister seines Faches. *„Sie bezahlen nicht die Zeit, sondern das Gewusst wie!"*

Diese Anekdote zeigt, wie wir alle „gestrickt" sind. Wir sehen nur die tatsächliche Zeit, die z. B. ein Handwerker vor Ort verbringt, nicht aber das Wissen, über das er verfügt – für das er Jahre gebraucht hat, es sich anzutrainieren. Wie sähe die Alternative aus? Einen unerfahrenen Handwerker zu beauftragen, der in drei Stunden durch die „Try and Error"-Methode (also Versuch und Irrtum) redlich bemüht ist, dem Fehler auf die Spur zu kommen und uns dann mehrere Stunden in Rechnung stellt? Dann greife ich auf erfahrene Praktiker zurück, die in kürzester Zeit in der Lage sind, ein Problem aus der Welt zu schaffen.

Der Beruf des Maklers ist in Deutschland sehr negativ besetzt. Ich erwähnte es bereits. Das hat natürlich mehrere Gründe, der wichtigste ist meines Erachtens die Tatsache, dass die Ausübung dieses Berufes an keinerlei gesetzlich vorgeschriebene Ausbildung gebunden ist, weshalb jeder Makler werden kann. Es findet keine einzige Überprüfung durch anerkannte Bildungseinrichtungen statt. Natürlich gibt es die Möglichkeit, sich zum/zur Kaufmann/-frau der Grundstücks- und Wohnungswirtschaft ausbilden zu lassen. Diese Ausbildung ist sinnvoll, aber eben keine Voraussetzung, um sich als Makler niederzulassen.

Finden Sie es nicht ein wenig befremdlich, dass ein Maler drei Jahre lernen muss, um sich Maler nennen zu dürfen? Dann muss er noch etliche Jahre Berufspraxis nachweisen, damit er einen handwerklichen Betrieb auf eigene Rechnung führen darf. Ich möchte niemandem zu nahe treten, der diesen wichtigen Beruf erlernt hat. Aber wie viel Schaden kann ein Maler anrichten, wenn er sich z. B. bei der Wahl der Farbe vergriffen hat und eine Wand gelb statt weiß streicht? Hängt davon das Leben eines anderen ab? Ist dieser *schlimme* Fehler nicht mehr zu korrigieren? Ich denke, wir sind uns einig in der Beantwortung dieser Frage. Stellen Sie sich bitte diese Fragen, wenn es um den Erwerb einer Immobilie geht, die nicht selten das fünf- bis siebenfache eines Netto-Jahreseinkommens kostet. Eine falsche Entscheidung kann Sie die Existenz kosten. Die Schulden können Sie erdrücken, wenn Sie falsche Verträge unterschrieben haben. Die Baukosten können aus dem Ruder laufen, weil wichtige Vereinbarungen nicht getroffen wurden. In dieser hochsensiblen, existenzgefährdenden Branche braucht es keinerlei Ausbildung für den, der gewerbsmäßig die Vermittlung von Immobilien durchführt. Für mich eine absurde, fast schon unerträgliche Situation. Ärger und Probleme sind damit vorprogrammiert. Daran tragen die nicht ausgebildeten Makler eine erhebliche Mitschuld. Sie nehmen billigend in Kauf, über Dinge zu sprechen, von denen sie nur mäßig Ahnung haben.

Ich möchte an dieser Stelle deutlich unterstreichen, dass das Gros der Makler seriös, sauber und über jeden Zweifel erhaben arbeitet. Es ist leider so, dass wir Menschen eher auf eine schlechte denn gute Wahrnehmung fokussiert sind. Die Medien leben es vor. Kein Mensch interessiert sich für gute Nachrichten. Die Operation am offenen Herzen ist aus meiner Sicht eine der größten Herausforderungen überhaupt. Täglich werden diese Eingriffe vorgenommen, fast immer erfolgreich. Wie oft lesen Sie von diesen erfolgreichen Operationen? Also ich kann mich nicht erinnern, darüber je etwas gelesen zu haben. Wenn aber ein Arzt einen Fehler macht und ihm drei Menschen wegsterben, dann ist das Geschrei groß. Mit großem Interesse schalten sich nun die Medien ein, um tagelang über den unfähigen Arzt zu berichten. Auch wenn ich ein wenig übertreibe, aber im Kern ist es genauso.

In Deutschland entscheiden sich jährlich mehr als 90.000 Familien für den Bau eines Hauses. Im Magazin „Stern" (Ausgabe 44/2010) können Sie lesen, wie einige Familien an windige, ja fast schon skrupellose Handwerker geraten sind, die ihnen förmlich das Geld aus der Tasche zogen und dafür Pfusch ablieferten. Auf mehreren Seiten wird darüber ausführlich berichtet. Ich weiß nicht, wie viele Familien tatsächlich Ähnliches erlebten. Ich weiß aber, dass die meisten der 90.000 Bauherren zufrieden sind. Darüber wird so gut wie gar nicht berichtet. Ich möchte mich hier nicht als Moralapostel aufspielen und niemandem zu nahe treten. Aber für alles ist Geld vorhanden, wenn es um die Verwirklichung des Traums vom Eigenheim geht – nur nicht für einen Sachverständigen, der die Familie durch die gesamte Bauphase begleitet. Es gibt seriöse Verbände und sogar Überwachungsvereine, die für einige Tausend Euro diese Baubegleitung durchführen. Diese Experten sind ständig vor Ort, um die Arbeiten der Handwerker zu beobachten und Alarm zu schlagen, wenn Pfusch sichtbar wird. Aber eben um diese paar Tausend Euro zu sparen, verzichten viele Bauherren auf diesen einmaligen Schutz. Dabei ist der Betrag gemessen an den Gesamtkosten minimal. Groß ist dann das Geschrei, wenn die Dinge aus dem Ruder laufen. Dann sind immer die anderen schuld und der Bauherr über jeden Zweifel erhaben.

Es gibt gute Gründe, seine Immobilie selbst zu verkaufen, und viele Gründe, diese Aufgabe einem Experten zu übertragen, der sich gewerbsmäßig darum kümmert. Wie ich schon an anderer Stelle erwähnte, unterliegen viele Privatverkäufer dem Irrtum, ein Makler verteuere die Gesamtkosten, weshalb sich die Interessenten zurückhalten. Anders ausgedrückt: Weil keine Maklerkosten anfallen, fallen die Gesamtkosten geringer aus. Das wiederum erhöht aus Sicht des Verkäufers die Chance, das Objekt schneller verkaufen zu können. Hier ist wohl der Wunsch Vater des Gedankens. Die Praxis ist eine andere. Kaufinteressenten achten sehr genau auf den Preis. Sie wissen, dass ein seriöser Makler für faire Preise sorgt. Deshalb sind sie auch bereit, ihn für seine Dienste zu bezahlen.

 *Der Leumund eines Maklers ist von größter Wichtigkeit. Je besser sein Ruf, desto mehr seriöse Kunden zählt er zu seinem Unternehmen. Die professionelle Einstellung und das entsprechende Auftreten eines Maklers und seiner Mitarbeiter entscheiden über den Verkaufserfolg.*

Ein Privatverkäufer, der sich zum ersten Mal um den Verkauf seiner Immobilie kümmert, kann nicht auf einen Interessentenstamm zurückgreifen, dem er die Immobilie anbietet. Ohne einen einzigen Kontakt muss er starten und Kontakte knüpfen, um Interessenten für seine Immobilie zu akquirieren. Das kostet sehr viel Zeit. Auch wenn durch die Finanzkrise das Interesse an Immobilien deutlich angezogen hat, so stehen die Kunden mitnichten Schlange, um das erstbeste Angebot anzunehmen. Heutige Käufer sind anspruchsvoll, geduldig und sehr gewissenhaft. Kurzum: Verkäufer brauchen mitunter einen langen Atem, um das Objekt an den Mann zu bringen. Ein guter Makler hat natürlich eine Interessenkartei. Sobald er sich ein Bild von einer Immobilie gemacht hat, kann er diese Kartei daraufhin abklopfen, um zeitnah die ersten Interessenten vorzustellen.

„Zeit ist Geld", sagt ein Sprichwort. Wer seine Immobilie finanziert hat, sollte sich diese Redensart sehr zu Herzen nehmen. Jeden Monat müssen Zinsen gezahlt werden. Ein Darlehen über 150.000 Euro zu 6 Prozent Zinsen kostet einen Kreditnehmer 750 Euro monatlich. Wer ein halbes Jahr länger braucht als ein Makler, der professi-

onell den Verkauf der Immobilie regelt, zahlt somit 4.500 Euro nur für Zinsen. Diese Kosten lassen sich mitnichten auf den Kaufpreis schlagen. Insofern stellt sich der kluge Immobilienbesitzer die Frage, ob er in einer überschaubaren Zeit selbst so erfolgreich verkaufen kann wie ein professioneller Makler. Nur dann wird er es selbst versuchen, im anderen Fall einen Makler beauftragen, weil er dadurch sehr viel Geld (Zinsen) sparen kann. Das gilt auch für Besitzer von schuldenfreien Immobilien. Je eher sie über den Kaufpreis verfügen, desto eher können sie den Veräußerungsgewinn anlegen und Zinsen kassieren.

Ein guter Makler steht für:

- Schnelligkeit
- Sicherheit
- Zeit- und Kostenersparnis
- Erfahrung (Der Makler kennt die Gepflogenheiten des Eigentumswechsels und verfügt über entsprechende Fachkenntnisse.)
- Objektivität (Er berät neutral und trifft somit logische und keine emotionalen Entscheidungen. Dadurch wird der Verkaufsvorgang nicht behindert.)
- Verkaufserfolg (Käufer und Verkäufer – zwei Welten treffen aufeinander. Deshalb braucht es einen Vermittler, der einen Kompromiss herbeiführt, wenn die Vertragsparteien noch uneins sind.)
- Vertrauen (Makler sind Vertrauenspersonen. Er kann daher auch Dinge aussprechen, die der „Noch-Nicht-Partner" gegenüber dem anderen nicht sagen kann oder will, ohne das Verhandlungsklima zu stören.)

Einen seriösen Makler erkennen Sie nicht nur an seiner Vita und seiner langjährigen Erfahrung, sondern an seiner Offenheit. Alles, was er Ihnen sagt, ist nachprüfbar. Er hält sich mit Versprechungen zurück, stellt keine überzogenen Preisvorstellungen in Aussicht und unterrichtet Sie laufend über seine Aktivitäten und den Stand der Dinge. Überdies ist Ihr Makler gut zu erreichen. (Wenn Sie ihn nicht erreichen können, wie sollen potenziellen Kunden es denn können?) Irren ist menschlich, das gilt auch für Makler. Im Schadensfall können schnell einige Hunderttausend Euro zusammenkommen. Deshalb sollte ein guter Makler eine Vermögensschadenshaftpflicht und Betriebshaftpflichtversicherung besitzen, damit Ihr Kunde, der Ihre Immobilie gekauft hat, auf der sicheren Seite ist.

Nicht alle Makler sind gleich. Die Auswahl des Maklers ist eine kritische und „kostspielige" Entscheidung. Sie können tausende Euro verlieren, aber auch gewinnen. Sie sollten also einen Makler finden, der Ihre Interessen am besten vertritt. Bedenken Sie: Im Immobiliengeschäft wie auch im richtigen Leben läuft nicht immer alles nach dem gleichen Schema ab. „Drum prüfe, wer sich ewig bindet", sagt eine Redensart, die Sie unbedingt beherzigen sollten, insbesondere dann, wenn Geld im Spiel ist. Wenn Sie einen Makler beauftragen, ist es wie bei jedem anderen Auftrag auch: Sie sind der „Boss" und damit treffen Sie auch alle finanziellen Entscheidungen.

Ein Makler nutzt Vertriebswege, die für einen Privatverkäufer schlichtweg zu teuer und zu aufwendig wären:

- Professioneller Internetauftritt (mit Video-Stream); ferner Nutzung überregionaler Immobilienportale
- Schaukästen in stark frequentierten Lagen (z. B. in Einkaufszentren, in der Fußgängerzone, etc.)
- Kooperationen mit Banken oder anderen Maklern (Netzwerkgedanke)
- Verkaufsgalgen/Verkaufsschilder
- Newsletter-Dienste (nicht nur übers Internet, sondern auch via Brief)
- Zeitungsinserate in verschiedenen Zeitungen
- Immobilienausstellung auf Messen oder im eigenen Büro
- Hauswurfsendungen
- Offene Besichtigungen

Neider werfen dem Berufsstand des Maklers häufig vor, dass sie sich alle eine goldene Nase verdienen. Schließlich erhält ein Makler eine Provision von bis zu 6 Prozent vom Kaufpreis. Bei einer Vertragssumme von 200.000 Euro sind das „mal eben so" 12.000 Euro. Dabei wird übersehen, dass nicht jede Immobilie, die ein Makler vermitteln soll, verkauft wird. Es gibt auch Fälle, in denen die Verkäufer ihre Verkaufsabsichten zurücknehmen. Überdies gibt es auch Immobilien, die aufgrund ihres Zustandes für sehr wenig Geld den Besitzer wechseln. In allen Fällen muss der Makler die gleiche Qualität seiner Arbeit abliefern. Er muss die Gespräche mit dem Verkäufer und den Interessenten führen, er muss Anzeigen auf eigene Kosten schalten, er führt Besichtigungen auf eigene Kosten durch (kein Firmenwagen fährt umsonst), versendet Angebote, spricht oft stundenlang mit potenziellen Käufern am Telefon. Er koordiniert die Abwicklung mit den Banken und dem Notar und ist natürlich auch am Tag der Beurkundung beim Notar vor Ort.

Ein guter Makler verfügt über einen „Schatz", den kein Privatverkäufer je haben wird: eine Datei immobiliensuchender Kunden. Es kommt sehr häufig vor, dass viele Werbeaktivitäten entfallen, weil der Makler ein Objekt einem Interessenten aus seiner gewachsenen Kundenkartei verkaufen kann.

Um all das leisten zu können, unterhält er ein eigenes Büro mit Mitarbeitern, die „backstage" arbeiten und somit nicht aktiv im Verkauf sind. Kurzum: Die wirkliche Arbeit eines Maklers findet nicht in aller Öffentlichkeit statt, sondern hinter verschlossenen Türen seines Büros, weshalb kein Außenstehender erkennt, welche außerordentlichen Leistungen ein guter Makler vollbringt. So ergibt sich ein a*llgemeinüblicher* Stundenlohn, wenn der tatsächliche Aufwand des Maklers in Relation zur Courtage gesetzt wird. Es ist leicht, alles zu kritisieren. Gleichwohl wird von einem Makler erwartet, dass sein Büro im Rahmen üblicher Geschäftszeiten besetzt ist und Telefonate angenommen werden. Wer aber bezahlt die Telefonistin? Der Interessent? Der Immobilicneigentümer? Es ist der Makler, der auch dann seine Mitarbeiter bezahlen muss, wenn über Monate keine Immobilien verkauft werden. Die Liste seiner Ausgaben ließe sich noch weiter ausführen. Doch auch so wird klar, dass niemandem etwas geschenkt wird, sondern hinter jedem Ergebnis harte Arbeit steht.

Ein Makler ist nicht von der ihm zur Vermittlung überlassenen Immobilie „befangen" wie der Verkäufer. Somit berät er unabhängig, unparteiisch und realitätsnah. Seine Entscheidungen sind logisch und weniger emotional, wie es oft bei Verkäufern der Fall ist, die durch unangenehme Umstände (z. B. durch Tod oder Scheidung) verkaufen müssen.

Alle Leistungen können naturgemäß nur auf Basis eines gesicherten Auftragsverhältnisses erbracht werden. Selbstverständlich können Sie von einem Vermittler nur dann den vollen Einsatz erwarten, wenn Sie durch eine solide Beauftragung sicherstellen, dass der von ihm betriebene Aufwand nicht vergebens ist. Hierzu gehört auch die Akzeptanz einer Verkäuferprovision. Dieses wird von vielen Verkäufern, die einen halbherzigen Auftrag mit einigen Wenn und Aber erteilen möchten, nicht berücksichtigt. Sie wundern sich dann, wenn ihr Verkaufsauftrag nicht mit dem gebotenen Nachdruck bearbeitet wird und sich der gewünschte Erfolg nicht einstellt. Letztendlich stärken Sie die Verhandlungsposition Ihres Maklers durch eine eindeutige Beauftragung ganz erheblich - und das kommt Ihren eigenen Interessen zugute.

In diesem Zusammenhang fällt auch der Begriff des Alleinauftrages. Durch diesen Auftrag beauftragt ein Kunde einen einzigen Makler, die Immobilie zu vermitteln und den Kaufvertrag herbeizuführen. In diesem Fall ist der Makler verpflichtet, aktiv für den Kunden tätig zu werden. Im Gegenzug verpflichtet sich der Kunde, während der Dauer des Vertrages keine anderen Makler zu beauftragen. Das mag auf den ersten Blick von Nachteil sein. Ist es aber nicht. Wer wirklich eine Immobilie sucht, sucht in allen Medien. Er recherchiert im Internet, liest die Angebote in den Tageszeitungen, studiert Angebote an Pinnwänden und befragt Freunde, Bekannte und Kollegen. Ein Verkäufer, der mehrere Makler beauftragt, erhält deshalb keine weiteren Interessenten. Er läuft eher Gefahr, dass ein Objekt den gleichen Interessenten zu verschiedenen Bedingungen und unterschiedlichen Kaufpreisen angeboten wird. Glauben Sie, dass das Vertrauen erweckt? Durch dieses Vorgehen wird genau das Gegenteil erzeugt: Die Interessenten werden wegen der verschiedenen Angaben verunsichert und argwöhnen, dass mit dem Objekt irgendetwas nicht stimmt. Statt mehr Interessenten werden es weniger.

Ein guter Makler wird Ihnen folgende Dienste anbieten:

- Bewertung der Immobilie (nach dem Sachwert-, Ertragswert – oder Vergleichswertverfahren).
- Beschaffung aller Unterlagen zur Liegenschaft.
- Erstellung eines aussagekräftigen, repräsentativen Exposés.
- Aufbereitung der Grundrisspläne.
- Erstellung und Bearbeitung von Fotos und Videofilmen.
- Ermittlung der richtigen Zielgruppe und Erarbeitung einer Verwertungsstrategie.
- Initiierung von Marketingmaßnahmen.
- Qualifizierung von Interessenten, um eine Vorauswahl an potenziellen Käufern zu treffen.
- Organisation und Durchführung von Besichtigungsterminen.
- Verkaufsverhandlungen mit interessierten Käufern und Herbeiführung des Vertragsabschlusses.
- Prüfung der Käuferbonität.
- Ausarbeitung des Kaufvertrages in Zusammenarbeit mit dem Notariat.
- Anwesenheit bei der Beurkundung.
- Reibungslose Objektübergabe.

Sie sehen, die Zusammenarbeit mit einem Makler bietet erhebliche Vorteile, aber nur, wenn der Makler seine Arbeit ernst nimmt. Wie mehrfach erwähnt, entscheidet die Auswahl des Maklers über den Verkaufserfolg. Hier einige Hinweise, wie Sie einen Makler im Wortsinn auf Herz und Nieren prüfen, bevor Sie ihm einen Auftrag erteilen:

- Ist der Makler bereit, sich für Ihr Anliegen Zeit zu nehmen? Dann lassen Sie sich genau beschreiben, wie er vorgehen wird und welche Verkaufsaktivitäten er im Detail plant, um Ihre Immobilie bestmöglich zu verkaufen.
- Er sollte eine fundierte Ausbildung haben und über Kenntnisse in rechtlichen, steuerlichen und immobilienwirtschaftlichen Fragen verfügen.
- Er verfügt über Referenzen, denn zufriedene Kunden sind immer eine gute Empfehlung.
- Er verfügt über ein gut ausgestattetes Büro und ist zu den normalen Geschäftszeiten jederzeit erreichbar.
- Der Makler führt eine vollständige Begehung von Immobilie und Grundstück durch.
- Er verlangt Baupläne, Grundbuchauszug, Mietverträge, Teilungserklärung, etc. bevor er einen Verkaufswert nennt.
- Er errechnet den Verkaufswert und erklärt seine Bewertungsmethode.
- Der Makler verweigert die Auftragsannahme bei deutlich überzogener Preisvorstellung.
- Erleben Sie den Makler als Berater oder ausschließlich als Verkäufer? Seien Sie vorsichtig, wenn er behauptet, er habe den richtigen Käufer schon in der Kartei und der erfolgreiche Verkauf sei nur noch Formsache. Ein guter Makler gibt Ihnen stets ein genaues Bild der Marktlage

8. Der Kaufvertrag

8. Der Kaufvertrag

8.1. Notar

„Pacta sunt servanda"[4]
(= Verträge müssen eingehalten werden)

Rechtlich kann der Kaufvertrag für ein Grundstück mit oder ohne Haus nur in Form eines notariell beurkundeten Kaufvertrages erfolgen. In Deutschland ist der Kauf von Grundstücken und Immobilien formgebunden. BGB § 313 schreibt für den Vertrag die notarielle Beurkundung vor, in dem sich der eine Teil verpflichtet, das Eigentum an einem Grundstück zu übertragen, und der andere Teil, das Grundstück zu erwerben. Damit sichert das Gesetz die Mitwirkung eines unabhängigen und unparteiischen Rechtskundigen. Der Notar ist somit unmittelbarer Ansprechpartner für die Fragen des Grundstückkaufvertrages. Die rechtliche Regelung des Grundstückkaufvertrages findet sich im BGB. Sie ist gekennzeichnet durch

1. Mitwirkung des Notars beim Vertrag
2. Einrichtung des Grundbuches

Der Notar, der nun die Beurkundung durchführt, handelt als Amtsperson, das heißt, er muss gegenüber beiden Vertragsparteien neutral sein. Nach § 17 Beurkundungsgesetz hat der Notar eine sogenannte Formulierungs- und Belehrungspflicht. Im Rahmen seiner Belehrungspflicht soll er die Beteiligten über die rechtliche Tragweite des Geschäfts belehren. Zu dieser Formulierungspflicht gehört in jedem Fall die Gestaltung des gesamten Vertrages. Der Notar wird für seine Dienste, hier die Beurkundung eines Kaufvertrages, entlohnt. Im

---

[4] lat.; dt. Verträge sind einzuhalten

Regelfall fällt für den Grundstückskaufvertrag eine sogenannte doppelte Gebühr, im Fachjargon eine 20/10-Gebühr, an. In dieser Gebühr ist auch die Honorierung einer eventuellen Vorbesprechung des Kaufvertrages enthalten, ebenso wie die Beantragung der Auflassungsvormerkung, sodass im Regelfall tatsächlich nur einmal diese genannte Gebühr anfällt. Sind zum Zwecke der Absicherung aufzunehmender Darlehen noch Grundschulden zu bestellen, was ebenfalls notariell zu erfolgen hat, fallen weitere Gebühren an. Die Notarkosten richten sich nach dem Kaufpreis oder Geschäftswert der Urkunde und nach dem Umfang der Kaufurkunde.

Der Notar beurkundet nur Ihren Willen, weshalb die Ausgestaltung eines solchen Vertrages nicht nur dem Käufer allein überlassen werden sollte. Auch Sie haben ein Recht auf Interessenwahrnehmung, weshalb Sie sich mit dem Notar besprechen sollten.

Nach einem ungeschriebenen Gesetz liegt die Wahl des Notars beim Käufer. Aufgabe des Notars ist es, den Vertragspartnern die rechtliche Bedeutung und Tragweite des Vertrages zu erläutern und die Kaufpreiszahlung sowie Immobilienübereignung zu überwachen. Es ist aber nicht Sache des Notars, den Immobilienkäufer auf benachteiligende Klauseln hinzuweisen oder seine Interessen zu vertreten. In diesem Fall hat der Notar unparteiisch zu sein. Wer also auf der ganz sicheren Seite stehen möchte, sollte in jedem Fall zusätzlich das Gespräch mit einem Fachanwalt für Bau- und Immobilienrecht suchen. Diese Beratung ist kostenpflichtig. Aber was sind schon einige hundert Euro für ein klärendes Gespräch, wenn dadurch Zigtausende eingespart werden können? – Nichts!

In dem Beurkundungsgesetz (§ 17, Absatz 2a) heißt es:

2a) Der Notar soll das Beurkundungsverfahren so gestalten, dass die Einhaltung der Pflichten nach den Absätzen 1 und 2 gewährleistet ist. Bei Verbraucherverträgen soll der Notar darauf hinwirken, dass

1. die rechtsgeschäftlichen Erklärungen des Verbrauchers von diesem persönlich oder durch eine Vertrauensperson vor dem Notar abgegeben werden und
2. der Verbraucher ausreichend Gelegenheit erhält, sich vorab mit dem Gegenstand der Beurkundung auseinander zu setzen; bei Verbraucherverträgen, die der Beurkundungspflicht nach § 311 b Abs. 1 Satz 1 und Abs. 3 des Bürgerlichen Gesetzbuchs unterliegen, geschieht dies im Regelfall dadurch, dass dem Verbraucher der beabsichtigte Text des Rechtsgeschäfts zwei Wochen vor der Beurkundung zur Verfügung gestellt wird.

Danach ist der Vertrag dem Käufer und dem Verkäufer in der Regel 14 Tage vor dem Beurkundungstermin zuzustellen. Zweck dieser Regelung ist es, Verbrauchern genug Zeit zur Prüfung und Beratung zu geben.

Zur Beurkundung müssen sich die Vertragsparteien ausweisen. Es reicht nicht, eine Kopie des Personalausweises einzureichen. Vielmehr müssen Sie und der Käufer am Tag der Beurkundung einen gültigen Personalausweis vorlegen. Überdies stellt der Notar fest, ob die Vertragsparteien der deutschen Sprache mächtig sind. Damit ist sichergestellt, dass der Vertragsinhalt in sprachlicher Hinsicht verstanden wird. Dadurch ist eine spätere Anfechtung wegen sprachlicher Defizite ausgeschlossen.

Zwischen dem Entwurf eines Kaufvertrages und dem eigentlichen Beurkundungstermin liegen in der Regel einige Wochen. Kümmern Sie sich in dieser Zeit immer wieder um den Kaufinteressenten. Solange die Tinte unter dem Kaufvertrag nicht trocken ist, so lange kann Ihr Interessent abspringen. Ich spreche in diesem Zusammenhang vom „zweiten Verkauf" und meine damit, dass es sehr wichtig ist, dem Interessenten immer wieder zu signalisieren, dass seine Entscheidung richtig ist.

8.2 Kaufvertrag

„Aller Eifer, etwas zu erreichen, nutzt freilich gar nichts,
wenn du das Mittel nicht kennst, das dich zum
erstrebten Ziele trägt und leitet. "

Cicero

Auch wenn der Notar die Ausgestaltung des Kaufvertrages vor-
nimmt, kann es nicht schaden, zu wissen, was zwingend niederge-
schrieben sein sollte.

Der Kaufgegenstand

Der Kaufgegenstand, das Grundstück, muss genau bezeichnet werden. Hierzu gehören Lage, Größe und Wirtschaftsart. Diese Informationen sind aus einem Grundbuch ersichtlich. Schwieriger wird
es, wenn Sie ein Grundstück verkaufen wollen, welches noch geteilt
werden muss. In diesem Fall wird der Notar dem Kaufvertrag einen
Lageplan anhängen und die noch zu teilende Fläche farblich schraf-
fiert darstellen. Der Notar wird dann im Kaufvertrag vermerken:

„... baten um Beurkundung einer noch zu vermessenden
Fläche von ca. 500 m², in der Anlage rot dargestellt. Der
Notar wird angewiesen, die Teilung zu beantragen. Nach-
dem ihm das amtliche Vermessungsergebnis vorliegt, ver-
pflichten sich die Käufer, innerhalb von zehn Tagen zu zah-
len. "

So oder ähnlich ist die Formulierung. Vereinbaren Sie aber unbedingt, dass Sie, aus welchen Gründen auch immer, bei einer wesent-

lichen Vergrößerung des Grundstücks auch mehr Geld vom Käufer verlangen können. Grundlage hierfür ist das amtliche Vermessungsergebnis.

Im Kaufvertrag sollte festgehalten werden, welche Einrichtungen mitverkauft werden und welche ggf. nicht. Dabei kann es sich um Gegenstände handeln, die zum Zeitpunkt der Beurkundung fest eingebaut und bis zur Objektübergabe noch auszubauen sind.

Kaufpreis

Der Kaufpreis ist der Preis, der auch tatsächlich gezahlt wird. Eine falsche Angabe im Kaufvertrag ist strafbar. Ich möchte Ihnen an einem Beispiel zeigen, warum so etwas überhaupt geschehen kann. Nehmen wir einmal an, Sie treffen auf einen Bauträger, der Ihnen ein sehr interessantes Grundstück für 200.000 Euro verkaufen möchte. Sie willigen ein, weil es genau die Lage hat, die Sie seit Jahren suchen. Einen Tag vor der Beurkundung erhalten Sie aber einen Anruf vom Verkäufer. Dieser macht Ihnen folgenden Vorschlag: „Lassen Sie uns im Kaufvertrag einen Betrag von 160.000 Euro angeben. Die 40.000 Euro geben Sie uns bar auf die Hand, und zwar sofort nach der Beurkundung. Ihnen kann das egal sein, darüber hinaus sparen Sie die Grunderwerbssteuer von 1.400 Euro." Das sitzt. So viel Geld zu sparen, da machen Sie mit. Wie gesagt, Sie erfüllen damit den Straftatbestand der Steuerhinterziehung. Das allein sollte jeden davon abhalten, so etwas zu vereinbaren. Aber es gibt noch ein weitaus größeres Problem, bei dem Sie möglicherweise die gesamten 40.000 Euro verlieren. Ein Kaufvertrag ist von vielen Zustimmungen abhängig. Kommt eine dieser Zustimmungen (zum Beispiel Einspruchsrecht der Gemeinde) nicht zustande, muss der Kaufvertrag rückabgewickelt werden. Eigentlich kein Problem. Doch wenn Sie jetzt an Ihren Verkäufer herantreten und ihn um die Auszahlung der doch vereinbarten und in Treu und Glauben bezahlten 40.000 Euro bitten, könnte, muss aber nicht, er Ihnen sagen: „Welche 40.000 Euro, bitte? Wir haben kein Geld von Ihnen erhalten." Das stimmt. Denn der Notar hat Sie alle belehrt und entsprechend folgenden Hinweis in den Kaufvertrag übernommen: *„Es gibt keine Nebenabsprachen oder Vorausleistungen auf den Kaufpreis."* Damit können Sie niemandem beweisen, die 40.000 Euro wirklich gezahlt zu haben, und eine Quittung dürften Sie auch nicht haben, da man Schwarzgeld ungern quittiert. Wie wollen Sie den Verkäufer verklagen, ohne sich dabei selbst anzuzeigen (Straftatbestand Steuerhinterziehung)? Also aufgepasst, niemals außerhalb eines Kaufvertrages Vereinbarungen treffen oder Zahlungen leisten, niemals. Es könnte der Anfang vom Ende sein.

Übergabe

In aller Regel erfolgt die Übergabe des Grundstücks an den Käufer einerseits und die Zahlung des Kaufpreises an den Verkäufer andererseits nach der Eintragung ins Grundbuch. Sollten andere Vereinbarungen getroffen werden, trägt der Notar die Verantwortung für die Gestaltung dieser Vereinbarungen.

Häufig liegt zwischen der Kaufvertragsunterzeichnung und der Übergabe des Grundstücks eine längere Zeit. Normal sind acht Wochen. In der Praxis sieht das dann so aus, dass Sie am 1. März den Kaufvertrag unterschreiben und der Kaufpreis vielleicht am 31. Mai zu zahlen ist. In der Zwischenzeit kann viel passieren. Wenn sich der Käufer für die gesamte Zeit absichern will, kann er eine sogenannte Auflassungsvormerkung in das Grundbuch eintragen lassen. Damit wird klargestellt, dass das Grundstück bereits verkauft ist, der Kaufvertrag aber noch abgewickelt wurde. Mit dieser Vormerkung ist der Anspruch, das Grundstück zu erwerben, gesichert. Lasten, die in dieser Zeit durch den Verkäufer auf das Grundstück aufgenommen werden, entstehen dann nicht mehr zum Nachteil des Käufers. Auch kann ausgeschlossen werden, dass ein anderer Käufer desselben Grundstücks Eigentümer wird. Denn merke: Ungeachtet eines

Kaufvertrages kann der Verkäufer auch mit anderen Käufern in Verhandlung treten und neue Verträge abschließen.

 *Übergeben Sie Ihre Immobilie erst, wenn der volle Kaufpreis gezahlt wurde und Sie darüber frei verfügen können (bzw. Ihre Bank).*

Lasten

Grundsätzlich soll die Grundstücksübereignung frei von Lasten erfolgen. Auf Grundstücken aber lasten oft Hypotheken- und/oder Grundschulden (hier in Abt. III des Grundbuches) des Verkäufers. Allerdings können hier auch Lasten ruhen, die nicht gelöscht werden können (zum Beispiel öffentliche Lasten).

In der Praxis kommt es sehr häufig vor, dass eine zum Verkauf stehende Immobilie noch mit einem Darlehensrest behaftet ist. Dieses Darlehen wird über eine im Grundbuch eingetragene Grundschuld gesichert. So wie das Eigentum auf den Käufer übertragen wird, muss diese „alte" Grundschuld gelöscht werden. Am einfachsten ist es, wenn der Käufer den Kaufpreis hierzu an Ihre finanzierende Bank überweist. Nachdem das Geld dort eingetroffen ist, erfolgt die Zustimmung zur Löschung der Grundschuld. Die Differenz zwischen Kaufpreiszahlung und Darlehensrest, also Ihr Gewinn, überweist die Bank dann an Sie.

Im anderen Fall lässt sich der beurkundende Notar von Ihrer Bank den restlichen Darlehensbetrag nennen. Diese Summe überweist der Käufer dann direkt zu Ihrer Bank, die ihrerseits eine Löschungsbewilligung aushändigt. Die Differenz zwischen Darlehensrest und Kaufpreis überweist der Käufer direkt auf Ihr Konto.

Welcher dieser Durchführungswege für Sie der bessere ist, sollten Sie im Vorfeld mit dem Notariat abstimmen.

Löschung

Der Notar schreibt in den Kaufvertrag, zu welchen Bedingungen die Übernahme des Kaufgegenstandes möglich ist und wann die „alten" Angaben gelöscht werden.

Zahlung

Eine oft gewählte Variante ist die Direktüberweisung der Kaufpreissumme. In aller Regel erteilt die Bank des Verkäufers nur dann eine Löschungsbewilligung der eingetragenen Grundpfandrechte, wenn sichergestellt ist, dass etwaige Schulden getilgt werden. Zu diesem Zweck wird ein Notaranderkonto eingerichtet. Für Sie als Verkäufer hat dieses Konto, dessen Kosten Sie sich mit dem Käufer teilen, einen Vorteil. Sie können einen fixen Zahlungstermin vereinbaren, ohne dass zuvor alle zur Umschreibung erforderlichen Unterlagen vorliegen. Der Käufer muss dann zahlen, während Sie über das Geld verfügen können, wenn der Notar keine Umschreibungshinderungsgründe mehr sieht. So ist sichergestellt, dass der Käufer auch tatsächlich in der Lage ist, den vereinbarten Preis zu bezahlen. Zahlt der Käufer den Preis, verwahrt der Notar die Summe zu treuen Händen, bis die Eintragung in das Grundbuch erfolgen kann und Sie Anspruch auf die Auszahlung der Summe haben.

Es ist nicht Aufgabe des Notars, die Bonität des Käufers zu überprüfen. Gehen Sie auf Nummer sicher und verlangen Sie vor der Beurkundung eine verbindliche Zahlungsbestätigung durch den Käufer oder seine finanzierende Bank, Bausparkasse oder Versicherung.

Grundsätzlich bleibt anzumerken, dass Sie auch ohne Notaranderkonto arbeiten können. Dann wird der Notar dem Käufer oder seiner Bank mitteilen, dass alle Voraussetzungen für die Löschung der Altschulden gegeben sind. Daraufhin überweist der Käufer oder seine finanzierende Bank den Schuldbetrag an die Altgläubiger und den Kaufpreisrest an den Verkäufer. Sobald der Notar dann die Überweisungsbestätigung erhält, lässt er die alten Eintragungen im Grundbuch löschen und die Bank des Käufers eintragen. Dieses Verfahren kann Geld sparen. Da aber eine finanzierende Bank immer Sicherheiten benötigt, wird sie eine sogenannte Notarbestätigung anfordern. Diese nicht ganz unerheblichen Kosten trägt der Käufer.

Bevor eine Zahlung zu leisten ist, müssen bestimmte Voraussetzungen erfüllt sein. Für gewöhnlich wird der Kaufpreis fällig, wenn diese Bedingungen erfüllt wurden:

- es ist eine Auflassungsvormerkung zugunsten des Käufers im Grundbuch eingetragen.
- es liegen die Löschungsunterlagen für die im Grundbuch eingetragenen Rechte vor.
- es liegt die Vorkaufsrechtsverzichtserklärung bzw. ein Negativattest der Kommune über die gesetzlichen Vorkaufsrechte vor.
- alle zur Eigentumsumschreibung erforderlichen behördlichen Genehmigungen liegen ebenfalls vor.

Es kann überdies vereinbart werden, dass eine Zahlung erst zu einem festen Termin erfolgt, selbst dann, wenn die obigen Voraussetzungen bereits erfüllt wurden.

Um die Auflassungsvormerkung und die Bewilligung zur Löschung von Lasten kümmert sich der Notar. Es ist aber möglich, dass Sie sich selbst mit Ihrer Bank in Verbindung setzen müssen, um die Voraussetzungen für die sogenannte Pfandfreigabe zu schaffen. Sprechen Sie hierzu mit Ihrem Bankberater und dem Notar.

Belastungsvollmacht:

Die meisten Immobilien werden von einer Bank finanziert, deshalb zahlt der Käufer nicht direkt an Sie. Das Geld kommt in diesem Fall von der finanzierenden Bank. Weil Sie noch Eigentümer dieser Immobilie sind, kann der Käufer zu dieser Zeit nicht frei darüber verfügen und deshalb auch keine Grundschuld ins Grundbuch eintragen lassen. Die aber benötigt seine finanzierende Bank als Sicherheit. Um dieses Dilemma zu lösen, geben Sie eine so genannte Belastungsvollmacht. Nun kann die Grundschuld – natürlich unter Vorbehalt – bestellt und eingetragen werden. Dieses übliche, aber recht komplizierte Verfahren hat für Sie als Eigentümer weitreichende Folgen. Deshalb sollten Sie sich vom Notar diesbezüglich beraten lassen.

Gesetzliches Vorkaufsrecht

Es gehört zu den Belehrungspflichten des Notars, dass Gemeinden und Städte ein gesetzliches Vorkaufsrecht ausüben können, und zwar nach § 24 Baugesetzbuch. Im Gegensatz zu einer Enteignung kann ein öffentlich-rechtliches Vorkaufsrecht nur dann angewendet werden, wenn sich der Eigentümer einer Immobilie zum Verkauf entscheidet. Die Ausübung eines Vorkaufsrechts stellt natürlich einen schwerwiegenden Eingriff in die vertragliche Entscheidungsfreiheit von Käufer und Verkäufer dar. Deshalb darf dieses Recht nur dann zur Anwendung kommen, sofern dies durch das Wohl der Allgemeinheit auch gerechtfertigt ist. Dabei muss es nicht immer ums Ganze gehen. Es gab Fälle, in denen die Kommune ein ein Meter breites, über die Gesamtlänge verlaufendes Teil-Grundstück erwarb, um darauf einen Gehsteig erstellen zu können. In solchen Fällen sieht sich der Verkäufer einer Immobilie zwei Kaufverträgen ausgesetzt, und zwar einem Vertrag mit dem Käufer und einem Vertrag mit der Kommune. Das ist allerdings kein Problem, weil ihm dadurch keine Mehrkosten entstehen. Wenn die Kommune keinen

Gebrauch von einem Vorkaufsrecht macht, was der Normalfall ist, erteilt sie ein so genanntes Negativzeugnis.

Steuerliche Unbedenklichkeitsbescheinigung

Nach erfolgter Beurkundung setzt sich der Notar mit dem zuständigen Finanzamt, in dessen Bezirk das Grundstück liegt, in Verbindung. Sie wissen, dass mit dem Erwerb eines Grundstücks eine Grunderwerbssteuer an den Staat zu zahlen ist, allerdings mit Ausnahmen. Wenn der Sohn vom Vater ein Haus kauft, fällt diese Steuer nicht an. Ein Käufer erhält den Steuerbescheid, den er innerhalb kürzester Zeit bezahlen sollte, damit das Finanzamt die sogenannte steuerliche Unbedenklichkeitsbescheinigung ausstellt. Diese Bescheinigung benötigt der Notar für die Beantragung der Eigentumsumschreibung beim Grundbuchamt. Es wäre gut, wenn Sie vereinbaren, dass der Käufer die Steuer sofort nach Zustellung des Steuerbescheids zahlt und nicht die dort ausgewiesene Zahlungsfrist ausnutzt, das verzögert die Umschreibung.

Zwangsvollstreckungsklausel

Einige Notare schreiben in den Kaufvertrag eine sogenannte Zwangsvollstreckungsklausel. Mit dieser Vereinbarung unterwerfen sich die Käufer einer Immobilie der Zwangsvollstreckung ihres gesamten Vermögens. Die Vereinbarung gilt, wenn der Käufer nicht an den Verkäufer zahlt. Dann kann dieser nämlich unter bestimmten Voraussetzungen und ohne weiteren Prozess den Gerichtsvollzieher zum Zahlungseinzug beauftragen. Damit sind Sie als Verkäufer auf der sicheren Seite. Das sind Sie aber auch, wenn der Käufer Ihnen eine gesicherte Finanzierungsbestätigung seiner Bank vorlegt. Dann können Sie auf die Zwangsvollstreckungsklausel verzichten.

Sonstige Vereinbarungen

Vereinfacht ausgedrückt gibt es in Deutschland die so genannte Vertragsfreiheit. Auch wenn es ein rechtliches Korsett gibt, in das z. B. der Kaufvertrag gezwängt wird, so dürfen Vertragsparteien darüber hinaus beliebige Vereinbarungen treffen, solange damit nicht gegen geltendes Recht und den guten Sitten verstoßen wird. Somit kann in einem Kaufvertrag „jede" denkbare Zahlungsmodalität vereinbart werden (Anzahlungen, Zahlung in Raten, etc.). Auch kann im Vertrag der Kauf von vorhandenem Inventar (z.B. Einbauküche, Kaminofen) vereinbart werden. In diesem Fall ist es wichtig, genau festzulegen, welche Einrichtungs- und Ausstattungsgegenstände verkauft werden. Besonders bei festeingebauten Teilen, die vor der Objektübergabe noch auszubauen sind, weil sie im Eigentum des Verkäufers bleiben, sollten meiner Ansicht nach im Kaufvertrag aufgelistet werden. Dadurch werden Unstimmigkeiten ausgeschlossen.

Alle Vereinbarungen werden vom Notar auf ihre rechtliche Zulässigkeit geprüft. Der Notar kann aber nicht wissen, ob der Inhalt der Vereinbarung tatsächlich dem entspricht, was Sie im Vorfeld mit dem Käufer ausgehandelt haben. Deshalb gilt: Überlassen Sie nicht dem Käufer allein die Ausgestaltung des Vertrages. Wirken Sie daran mit. Bestimmen Sie gemeinsam einen Notar Ihres Vertrauens und besprechen Sie sich mit ihm oder dem zuständigen Sachbearbeiter. Lassen Sie sich auch alle Regelungen in ihrer Tragweite genau erläutern. Alternativ oder zusätzlich kann auch ein eigener Anwalt beauftragt werden.

Um Probleme auszuschließen, ist es unerlässlich, sämtliche Vereinbarungen, Kosten und Verantwortlichkeiten in den Kaufvertrag hineinzunehmen. Der mit der Ausfertigung des Vertrages beauftragte Notar wird hier die richtigen Formulierungen treffen.

Zusammenfassung

Jetzt haben Sie eine ganze Reihe von Dingen gelernt, die Sie unbedingt wissen sollten, bevor Sie die Unterschrift unter einen Kaufvertrag setzen. Dennoch möchte ich hier noch einmal die wichtigsten Schritte von der Verkaufsabsicht zum Grundbuch zusammenfassen:

- Sie haben sich mit dem Käufer über den Kauf geeinigt.

- Sie haben von ihm eine schriftliche (!) Finanzierungszusage erhalten.

- Der Käufer nennt Ihnen einen Notar. Dort treffen Sie sich zu einem informellen Gespräch. Bei dieser Gelegenheit wird der Notar Sie bei der Ausarbeitung des Kaufvertrages unterstützen. Nehmen Sie alle wichtigen Unterlagen mit.

- Nach diesem Gespräch erhalten Sie und der Käufer einen Kaufvertragsentwurf. Sowie Sie diesem zustimmen wollen, vereinbaren Sie den Notartermin zur Beurkundung.

- Eine Woche nach der erfolgten Beurkundung erhalten Sie einen beglaubigten Kaufvertrag.

- Nach rund zwei Wochen sendet das Finanzamt den Grunderwerbssteuerbescheid an den Käufer. Den sollte er möglichst sofort bezahlen, damit das Eigentum schneller umgeschrieben werden kann.

- In der Zwischenzeit hat Ihr Notar von Ihrer Bank die Löschungsbewilligung erhalten.

- Etwa drei Wochen nach dem Beurkundungstermin erhalten Sie die Eintragungsmitteilung des Grundbuchamtes, dass eine Auflassungsvormerkung für den Käufer eingetragen wurde.

- Nach rund sechs Wochen wird der Kaufpreis vom Käufer überwiesen.

- Es erfolgt die Übergabe des Objektes.

- Etwa einen Monat später erhalten Sie die Bestätigung vom Grundbuchamt, dass Ihr Käufer als Eigentümer eingetragen wurde.

Seien Sie so gut wie möglich vorbereitet: Werbung, Verhandlungen, Wertbestimmung, Besichtigungen und sämtliche rechtliche Vorschriften; alles muss „wasserdicht" sein. Bedenken Sie bitte, dass die meisten Käufer, Investoren und Spekulanten, die Privatverkäufer ansprechen, häufig auf der Suche nach Schnäppchen sind. Die niedrigen Gebote dieser Käuferschichten drücken auf lange Sicht häufig Ihren Endpreis. Insofern muss man sich im Vorfeld fragen, ob der Privatverkauf am Ende die bessere Variante ist.

9. Besonderheiten

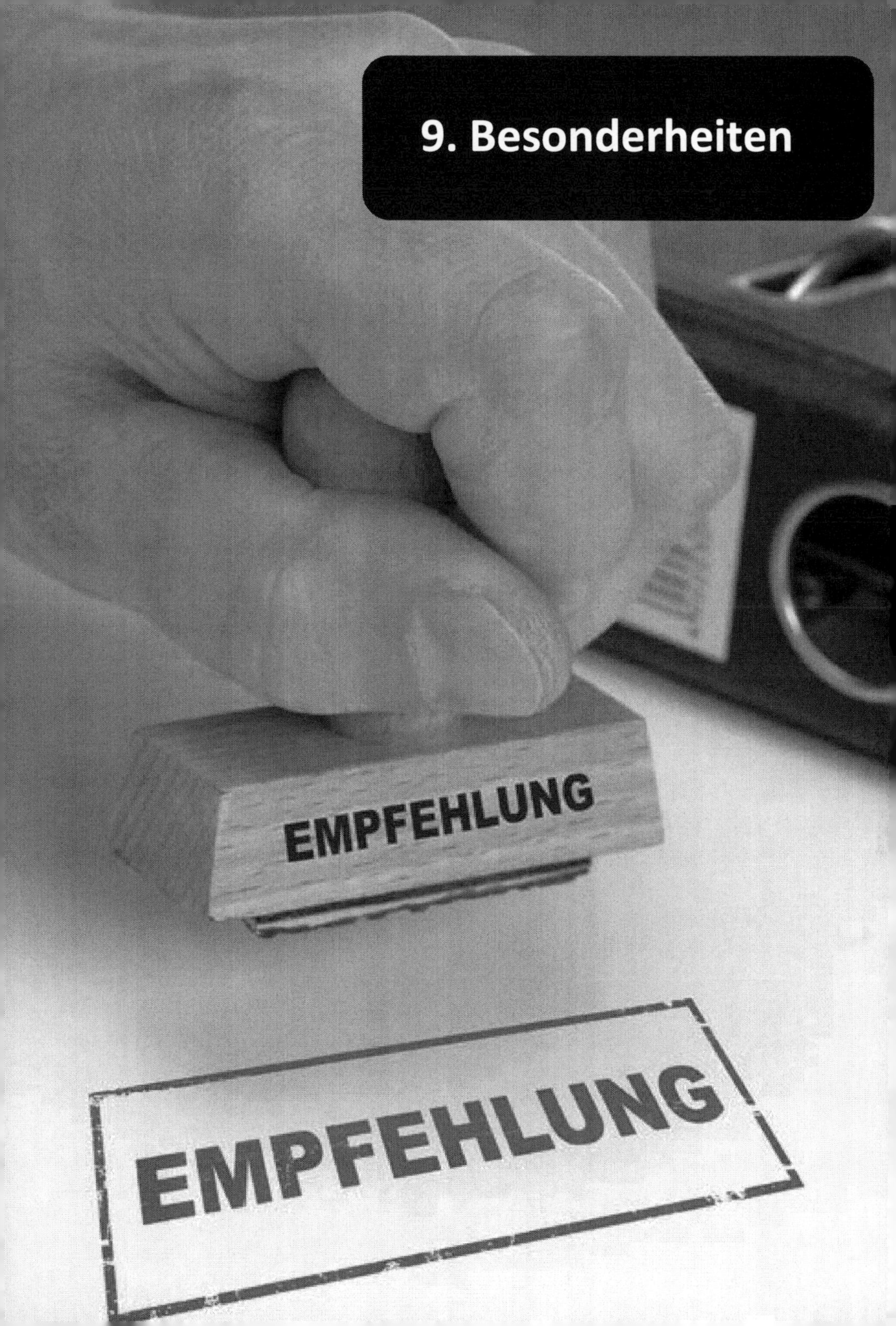

9. Besonderheiten

*„Menschenkenner haben immer gewusst, dass man Leuten eine
teure Sache leichter verkaufen kann als eine billige. "*

William Somerset Maugham

Bieterverfahren

Neben den „klassischen" Vertriebsmöglichkeiten für eine Immobilie
gibt es eine weitere, die ich bisher noch nicht vorgestellt habe, weil
sie etwas aus dem Rahmen fällt. Gemeint ist das Bieterverfahren.
Der Name irritiert ein wenig, erweckt er doch den Eindruck, als hätten wir es hier mit einer Art Versteigerung oder Auktion zu tun.
Dem ist nicht so. Beim Bieterverfahren bieten mehrere Interessenten zeitgleich und unabhängig voneinander auf die gleiche Immobilie. Im weitesten Sinne bestimmt der Interessent den Kaufpreis der
Immobilie und nicht Sie als Verkäufer.

Wenn Sie diesen Weg gehen, dann müssen Sie als Verkäufer explizit
darauf hinweisen, dass es sich hierbei um ein Bieterverfahren handelt. Auch wenn dieses Verfahren über keine eigenen gesetzlichen
Grundlagen verfügt, so gibt es Regeln, die unbedingt beachtet werden müssen. So dürfen Sie in Ihren Ausführungen nicht die Begriffe
„Auktion" oder „Versteigerung" erwähnen. Das würde bedeuten,
dass Sie am Ende dem das Objekt verkaufen müssen, der das höchste Gebot abgegeben hat – selbst dann, wenn das Gebot nicht Ihren
Preisvorstellungen entspricht. Die Grundidee des Bieterverfahrens
ist, den Preis durch Nachfrage zu bestimmen, und zwar durch den
Käufer selbst, wobei Sie am Ende die freie Wahl haben, ob Sie das
Angebot annehmen. Dazu sind Sie nicht verpflichtet. Deshalb er-

wähnen Sie in allen Ausführungen und Unterlagen den Begriff „Bieterverfahren", dann bleiben Sie in Ihrer Entscheidung frei. Wenn Ihnen der angebotene Preis zu gering ist, verzichten Sie auf den Verkauf und gehen zum klassischen Verkauf über. Achtung! Auch der Bieter genießt in diesem Verfahren einen Sonderstatus. Auch wenn er Höchstbieter ist und damit alle anderen aus dem „Rennen" geworfen hat, ist er nicht an sein Gebot gebunden, weder an den Preis noch an der Bereitschaft, die Immobilie kaufen zu wollen. Somit ist ein Bieterverfahren nicht ganz ohne Risiko. Nur dann, wenn ein notarieller Kaufvertrag unterschrieben wurde, gehen Käufer wie Verkäufer eine Verpflichtung ein.

Im Bieterverfahren erhalten die Interessenten auf Nachfrage ein Exposé und eine Einladung zu einem Besichtigungstermin. Achten Sie darauf, dass Sie im Exposé unter keinen Umständen einen verbindlichen Preis nennen. Selbst im Gespräch sollten Sie auf die Nennung von Preisen verzichten, um sich rechtlich abzusichern. Wenn Sie nicht ganz auf die Angabe einer Preisvorstellung verzichten wollen, um damit am Ende auch dem Verfahren eine Richtung zu geben, können Sie im Exposé die Herstellungskosten (bei jüngeren Immobilien) oder den Ersterwerbspreis angeben. Damit regen Sie die Fantasie der Bieter an und selektieren die aus, die glauben, hier deutlich unter Marktwert kaufen zu können.

Ich vergleiche das Bieterverfahren ein wenig mit dem Showdown größerer Veranstaltungen. Am Tag selbst ist es zu spät, dafür die Werbetrommel zu rühren. Deshalb wird, je nach Größe der Veranstaltung, Wochen, teilweise Monate im Voraus, für das große Event geworben. Nur so lassen sich die Tickets an den Mann bringen, um die Arena zu füllen. Ihr Ticket im Bieterverfahren ist das Exposé. Je mehr Sie davon verschicken, desto mehr Interessenten füllen am Besichtigungstag Ihre „Arena", also Ihre Immobilie. Je mehr Bieter Sie haben, desto größer ist Ihre Chance, das Objekt an diesem Tag zum gewünschten Preis an den Mann zu bringen. Um das zu erreichen, müssen Sie alle Werbemöglichkeiten ausschöpfen, die Ihnen zur Verfügung stehen.

Am Tag der Besichtigung ist es wichtig, dass Sie hier keine Einzelgespräche führen und auf Termin arbeiten, sondern alle Interessenten gleichzeitig einladen, ganz im Sinne einer alten Kaufmannsweisheit: *„Konkurrenz belebt das Geschäft".* Wenn ein Bieter das Objekt unbedingt erwerben möchte, wird ihn der Anblick mehrerer Bieter, die dasselbe Ziel verfolgen, dazu verleiten, sofort und mehr zu bieten als all die anderen. Dass er sich so verhält, ist ganz in Ihrem Sinne und hat nichts mit „Abzocke" zu tun, schließlich nennt jeder Bieter den Preis freiwillig.

Dreh- und Angelpunkt im Bieterverfahren ist die Zahl potenzieller Käufer am Tag der Besichtigung. Damit möglichst viele Interessenten diese Einladung annehmen, müssen Sie im Vorfeld genau die Dinge erledigen, über die ich in diesem Buch bis hierher ausführlich geschrieben habe. Je gewissenhafter Sie im Vorfeld Ihre Vorbereitungen treffen, desto eher finden Sie einen Käufer, der bereit ist, einen angemessenen Preis zu zahlen.

Epilog

Epilog

"Es ist nicht genug zu wissen, man muss es auch anwenden.
Es ist nicht genug zu wollen, man muss es auch tun!"

Goethe

Wer Fehler beim Verkauf seiner Immobilie vermeiden will, braucht *gutes* Wissen und eine perfekte Planung. Mit dieser Kernaussage aus diesem Buch stehe ich nicht allein da. In einer Studie[4] der DEKRA heißt es hierzu u. a.:

> *„Die Qualität der Leistungen auf deutschen Baustellen hat sich leider nicht verbessert, sondern ist schlechter geworden. Wir empfehlen Bauherren, auf eine sehr präzise Planung zu achten, um mögliche Fehlerquellen auszuschließen."*

Sie haben in diesem Ratgeber lesen können, dass es nicht nur auf Baustellen Fehlerquellen en gros gibt, sondern auch bei fertiggestellten und bewohnten Immobilien. Als Verkäufer sind Sie verpflichtet, diese zu nennen. Als Käufer haben Sie sich selbst gegenüber die Verpflichtung, alle Aussagen zu prüfen, um jeden Ärger auszuschließen. Mit diesem Ratgeber will ich meinen Beitrag dazu leisten. Es ist mir wichtig, dass beide Seiten als faire Geschäftspartner auf Augenhöhe verhandeln. Nur dann hat niemand das Gefühl, „über den Tisch gezogen" worden zu sein.

Selten waren die Zeiten so günstig wie nach der Finanzkrise. Einer Studie[5] zur Folge will eine steigende Zahl Bundesbürger in die eigenen vier Wände ziehen. Danach träumen 71 Prozent aller befragten Wohninteressenten vom freistehenden Einfamilienhaus am Stadtrand oder auf dem Land. Jeder Fünfte ist laut dieser Studie bereit, bis zu 400.000 Euro oder mehr auszugeben. Eine stolze Summe, zumal einer alten Befragung aus dem Jahre 2000 zufolge es gerade einmal 200.000 Euro waren. Für Verkäufer eine – mit Verlaub – paradiesische Entwicklung.

Aber auch die Käufer kommen voll und ganz auf ihre Kosten. Noch immer notieren die Zinsen für Immobilienkredite auf einem Rekordtief.

Zinsentwicklung von 1990 bis 2010
(10-jährige Zinsfestschreibung)

„*Jetzt*", so sagte Sir Peter Ustinov, „*sind die guten alten Zeiten, nach denen wir uns in zehn Jahren zurücksehnen*". Wenn Sie Ihre Immobilie verkaufen wollen, dann ist jetzt die beste Zeit dafür. Und wenn Sie im Begriff sind, eine Immobilie kaufen zu wollen, dann ist auch für Sie die beste Zeit jetzt! „*Das Aufschieben wichtiger Geschäfte*", so sagt der deutsche Schriftsteller und Mathematiker Georg Christoph Lichtenberg, „*ist eine der gefährlichsten Krankheiten der Seele.*"

Nun wünsche ich Ihnen viel Freude beim Vermehren der gewonnenen Einsichten, verbunden mit den besten Wünschen für ein erfolgreiches Immobiliengeschäft.

Herzliche Grüße
Dirk Hobbie

Quellenverzeichnis und einige Hinweise

Der Inhalt dieses Buches dient ausschließlich der persönlichen Weiterbildung in Fragen der privaten Vermögensbildung. Es beinhaltet keine Anlageempfehlung für bestimmte Finanzprodukte oder Vermögensgegenstände. Aus diesem Grund ist jede direkte oder indirekte Inanspruchnahme von Regress oder Gewährleistung ausgeschlossen. Das gilt im Besonderen für Fälle, in denen Personen die in diesem Buch vorgestellten Anlagesituationen nachbilden. Alle Beispiele, Berechnungen und Anlagesituationen stellen in keiner Weise einen Aufruf zur individuellen oder allgemeinen Nachbildung, auch nicht stillschweigend, dar. Die von uns vorgestellten Investitionsmöglichkeiten und Anlageprodukte stellen keine Aufforderung von Kauf oder Verkauf von Investitions- und Anlageprodukten jeder Art, Finanzprodukten und sonstigen Vermögensgegenständen dar. Eine Haftung für mittelbare und unmittelbare Folgen der veröffentlichten Inhalte ist somit ausgeschlossen. Alle Personen, die aufgrund der in allen Buchbestandteilen veröffentlichten Inhalte Anlageentscheidungen treffen bzw. Transaktionen durchführen, handeln vollständig in eigener Verantwortung und auf eigene Gefahr.

Die Haftung für Schäden, die im Zusammenhang mit Bank- und Versicherungsprodukten, Grundstücks- und sonstigen Immobiliengeschäften sowie unternehmerischen Tätigkeiten entstehen können, ist ausgeschlossen. Dieses Buch enthält Links zu externen Webseiten Dritter, auf deren Inhalte wir keinen Einfluss haben. Deshalb können wir für diese fremden Inhalte auch keine Gewähr übernehmen. Für die Inhalte der verlinkten Seiten ist stets der jeweilige Anbieter oder Betreiber der Seiten verantwortlich. Die verlinkten Seiten wurden zum Zeitpunkt der Verlinkung auf mögliche Rechtsverstöße überprüft. Rechtswidrige Inhalte waren zum Zeitpunkt der Verlinkung nicht erkennbar. Eine permanente inhaltliche Kontrolle der verlinkten Seiten ist jedoch ohne konkrete Anhaltspunkte einer Rechtsverletzung nicht zumutbar. Bei Bekanntwerden von Rechtsverletzungen werden wir derartige Links umgehend entfernen.

---

[1] www.spiegel.de; Über 6,6 Ecken von Holger Dambeck; Zugriff: 1.9.2009

[2] Focus-Money 24/2007

[3] Finanztest (2/96)

[4] www.dekra.de/de/1679

[5] www.focus.de/immobilien/kaufen/immobilienstudie-immer-mehr-deutsche-wollen-ins-eigenheim_aid_543879.html

Bilder:

Eigene soweit nicht erwähnt
www.Fotolia.de (Lizenz) auf den Seiten:
4, 7,11,15,23,24,30,33,47,81,85,115,137,142,151,152,158,166,167,171,179,190,205,209